예수처럼 아이처럼

예수처럼 아이처럼

자녀교육, 예수처럼 사랑하고 아이처럼 생각하라

요한 크리스토프 블룸하르트
&
크리스토프 프리드리히 블룸하르트 지음
전병욱 옮김

예수님은 어린 아이들, 없는 자들, 죄인들을
극진한 사랑으로 보살피십니다.

에버하르트 아놀드 《마태복음 18:10 ~ 14 묵상》에서

차례

머리말

'하나님은 모든 아이들을 소중하게 지켜보고 계신다'
고 사람들은 말한다. 그러나 이 말을 마음에 되새기며 경외
감을 가지고 아이들을 대해보려고 하지만 떼를 쓰는 두 살
배기 아이나 침묵하는 십대 아이들 앞에선 결국 좌절하기
일쑤이다.

이 작은 책은 아버지 요한 크리스토프 블룸하르트(Jo-
hann Christoph Blumhardt 1805~1880)와 아들 크리스토
프 프리드리히 블룸하르트(Christoph Friedrich Blumhardt
1842~1919)가 썼다. 이 책에서 두 저자는 어떻게 하면 아이

를 올바르게 키울 수 있을지 조언하고 있다. 두 부자가 살던 당시 독일은 부모와 교사가 지나치게 엄격한 시대였다. 지금은 그때와는 달리 오히려 부모와 교사들이 너무 관대한 시대이다. 하지만 이 책에는 세월이 흘러도 변치 않는 진리가 가득 담겨있다.

아버지 요한 크리스토프 블룸하르트는 튜빙겐에서 신학을 공부하고 목사가 되었다. 그는 하나님의 실체를 몸소 체험하기를 갈망하던 사람이었고 후에 아주 생생하게 경험하게 된다. 그가 뫼트링겐이라는 작은 마을에서 목회를 할 당시 교인 가운데 고트리빈 디투스라는 처녀가 악마에 사로잡혀 고통 받고 있었다. 이 악마의 세력과 2년(1842-1844)에 걸쳐 치열한 싸움을 벌인 끝에 신약 성서가 씌어진 시대에나 있을 법한 일이 벌어진다. 극적으로 마귀가 쫓겨나가고 처녀가 치유된 것이다. 그 뒤 작은 마을 뫼트링겐은 "예수는 승리자다"라는 환호성과 함께 온 독일에 알려진다.

그 뒤 여러 달 동안 회개의 물결이 일어나 주변 지역까지 퍼져나갔고, 많은 사람들이 육체적 질병에서 치유되는 기적이 일어난다. 그러나 너무 많은 사람들이 도움을 구해 뫼트링겐으로 몰려들면서 블룸하르트는 14년 동안(1838~1852) 아내와 함께 목회를 했던 뫼트링겐을 떠나 바드 볼이라는 마을로 옮긴다. 그곳에서 블룸하르트는 몸과 마음에 병이 있는 사람들, 죄에 눌려있는 사람들을 도우며 평생을 보낸다. 1920년, 저술가인 A. 알버스는 아버지 블룸하르트의 생애를 다음과 같이 인상적으로 묘사했다.

초기 기독교 그리고 하나님 나라가 최종적으로 임할 것이라는 기대, 이것이 블룸하르트라는 경건주의 목사가 그토록 확신을 가지고 살 수 있었던 힘의 원천이었다. 블룸하르트는 거기서 얻은 힘을 가지고 한 처녀를 괴롭히던 악마들과 싸워 승리했고, 뫼트링겐과 바드 볼에서 밤낮으로 그의 도움을 구하던 사람들을 섬기고 도왔다. 그의 삶은 한 마디로 쉼 없는 사랑의 실천이었다. 블룸하르트는 하나님 과 함께 일했고, 하나님의 도구였다.[1]

블룸하르트의 아들 크리스토프 프리드리히는 이처럼 하나님이 함께 하실 것을 기대하고 실제로 체험하는 분위기에서 자랐다. 프리드리히도 튜빙겐에서 신학을 공부하고 1869년에 바드 볼로 돌아와 아버지의 목회를 돕는다. 1880년에 아버지가 세상을 떠난 뒤 프리드리히는 아버지의 목회를 이어받아 그 발자취를 충실하게 따라갔으며, 아버지와 한목소리로 예수님과 하나님 나라를 증거했다.

아들 블룸하르트는 성서에는 하나님 나라가 이 땅 위에 임할 것임을 계시했는데 후대 그리스도인들이 이를 사후에 천국에서 받을 개인적인 보상으로 변질시켰다고 했다. 그는 이런 종교적 이기주의를 날카롭게 지적했고, 하나님은

요한 크리스토프 블룸하르트

온 세상을 사랑하신다고 선포했다. 그는 또한 치유가 그 자체만으로 끝나면 하나님의 뜻에 온전히 굴복하지 못하게 가로막는 치명적인 위협이 된다고 보아 결국 병자 치유를 거부한다. "너 자신과 너의 모든 고통을 보지 말라. 하나님의 고통을 보라. 사람들 속에 있는 거짓 영 때문에 하나님 나라가 지연되고 있다"고 그는 한 편지에서 토로한다.

1852년 바드 볼로 이사한 블룸하르트 가족의 분위기를 한 방문객은 다음과 같이 기록했다.

온 집에 활기와 기쁨의 기운이 넘친다. 그 속에서 하나님의 평화가 어떤 것임을 생생하게 경험할 수 있다. 이 평화는 인간의 이해를 넘어서는 것이며, 실제적인 일과 영적인 일, 사소한 일과 중요한 일 모두에 스며있다. 이런 분위기는 신선한 공기가 우리 몸을 건강하게 하듯이 우리 영혼에 영향을 미친다.[2]

어린이에게 이보다 적합한 장소가 또 있을까! 또 다른 방문객은 바드 볼에서 겪은 일화를 다음과 같이 기록했다.

하루는 저녁 식사 시간에 한 부인이 4살 난 딸과 함께 자리했다. 그 부인은 블룸하르트 가까이 앉아 있었고 아이는 기둥 뒤에 있었다. 블룸하르트는 누군가에게 성경을 가져오라고 부탁했고 모두들 기다리는 중이었다. 모두가 쥐죽은듯이 조용히 있는데 느닷없이 블룸하르트의 목소리가 들렸다. "까꿍! 까꿍!" 블룸하르트는 잠깐 동안 아이와 놀더니 아이에게 말했다. "자 착한 아가야, 이제 조용히 있어야 돼요." 그리고는 성경을 펼쳤다. "지난 시간에 에베소서 2장 전반부까지 읽었지요?"[3]

프리드리히 춘델이 쓴 아버지 요한 크리스토프 블룸하르트의 전기에는 다음과 같은 이야기도 있다. 이 이야기는 블룸하르트가 어린이와 젊은이를 깊이 이해하고 있음을 보여준다.

질풍노도의 시기를 겪는 '끔찍한 십대'에 많은 사람들은 진저리를 친다. 블룸하르트는 이런 청소년들, 특히 지나치게 종교적이고 엄격한 교육 분위기 때문에 마음이 혼란과 웅어리로 가득한 아이들을 지혜롭게 대했다. 블룸하르트의 집에 너무 심한 종교적인 규율 때문에 몸서리치던 아이가 묵은 적이 있었다. 블룸하르트 집은 자유스런 분위기라서 아이는 대체로 잘 지냈지만 여전히 고약한 장난을 멈추지 않았다. 어느 날 가정부가 블룸하르트 방으로 뛰어 들어왔다. "목사님, 그 애가 이제는 닭장 속에서 달걀들을 훔쳐 갔어요. 그리고는 이 찬송가 책을 대신 갖다 놓았어요." 블룸하르트가 뭐라고 말했을까? "그 아이의 마음 속에 숨어있는 나쁜 것들이 네 속에도 숨어 있단다. 그리고 네 분노 뒤편에서는 너도 그 못된 장난들을 재미있어하고 있지 않니? 우리는 우리 마음속에서 먼저 그 애의 못된 장난을 이겨내야 한다. 닭장 속에 그 찬송가 책을 다시 갖다 놓아라. 그리고 호들갑떨지 말고 아무일도 없었던 것처럼 지내라."

블룸하르트는 그 애가 몰래 갖다 놓은 물건들이 있으면 가만 놔두라고 다른 식구들에게도 일렀다. 그 아이는 뭔가 소동이 일어나리라 마음 졸이며 기다렸지만 아무도 반응을 보이지 않자 더는 못된 장난을 치지 않았다. 그때 그 책은 훼손되어 못쓰게 되었을지도 모른다. 그러나 블룸하르트에게는 그 보다 소년이 더 귀중했다.[4]

아버지 블룸하르트는 슬하에 8명의 자녀를 두었다. 그는 아이들이 15~16살이 될 때까지 가정교사의 도움을 받아 손수 가르쳤다. 그것은 많은 시간과 노력이 따르는 일이었다.

크리스토프 프리드리히 블룸하르트

그렇지만 보람이 있는 일이었다. 그의 8자녀 중 5명이 어른으로 성장할 수 있었는데 그중 4명이 바드 볼이나 인근 마을에서 살면서 아버지의 일을 돕는다. 또한 그는 많은 손자, 손녀들과 함께 지내는 복을 누릴 수 있었는데 바드 볼에서는 20명이 넘는 손자, 손녀들이 함께 살았다. 아들 크리스토프 프리드리히는 11명의 자녀를 두었다.

아버지 블룸하르트는 매일 아침식사 전 7시에 온 식구들과 모여 기도하고 찬송을 불렀는데, 그의 전기에 그 모임이 어땠는지 나온다.

블룸하르트의 대가족이 큰 방에 모였다. 이 모임에는 24명이나 되는 손자 손녀들뿐만 아니라 집에 함께 머무르는 아이들을 위한 특별 순서가 있었다. 이 시간을 블룸하르트는 좋아했다. 그는 아이들을 자신의 경호원이나 정예병처럼 여겼던 것 같다. 블룸하르트는 아이들이 가식없이 단순하게 하나님을 신뢰하는 모습을 귀하게 여겼다. 블룸하르트가 아이들과 함께 기도할 때면 애써 아이들 언어 수준에 맞춰서 하는 것이 아니라 자신도 한 아이로서 솔직하고 단순하게 기도했다. 그것은 그의 어린아이 같은 믿음 때문에 가능한 것이었다.

부모와 아이들이 다 모이면, 아버지 블룸하르트가 들어와 앉아 시작을 알리는 작은 종을 울리고 기도를 한다. 그런 다음 다함께 '오! 주님! 축복하소서' 라는 찬송을 부른다. 찬송이 끝날즈음 모든 어린 아이들이 몸을 꼼지락대기 시작한다. 찬성이 다 끝나면 걸을 수 있는 아이들이 먼저 할아버지에게 다가간다. 그 다음에는 아기를 안은 엄마들이 뒤따르고, 마지막으로 큰 아이들 차례였다. 블룸하르트는 줄지어 있는 아이들 머리에 차례차례 손을 얹고는, "주님이 너를 축복하시기를 빈다"라고 짧게 축복을 했다. 아이가 아프거나 생일을 맞이한 경우처럼 특별한 경우에는 여기에 몇 마디 말을 덧붙였다. 모임은 찬송을 하나 더 부르면서 끝나는데 부르는 노래는 모두 블룸하르트가 작곡한 것이었다. 이 시간에는 가장 어린 아이까지도 조금도 방해가 되지 않고 활발하게 참여했다.[5]

이 책에 나오는 글들 대부분은 아버지 블룸하르트가 70대 할아버지였던 시기에 썼다. 이 시기에 그는 주간 소식지를 만들어 많은 사람들에게 보냈는데, 여기에 아이들을 생각하는 글들을 썼다. 이 소식지에서 블룸하르트는 부모들과 교사 그리고 어른들에게 아이들의 놀이와 천진난만한 즐거움을 존중해 달라고 당부하면서, 어른들의 기준으로 아이들을 간섭하거나 훼방하지 말라고 충고한다.

아버지 블룸하르트는 어렸을 때부터 그리스도의 온유한 성품에 감동을 받았다. 그가 약혼녀인 도리스 쾰너에게 보낸 편지를 보자.

내가 배우고 싶은 것이 바로 이것입니다. 그리고 당신의 도움이 필요합니다. 사람들이 예수님에게 매력을 느꼈던 것은 예수님이 보여주신 이 부드럽고 따뜻한 성품 때문입니다. 이 성품이 사람들을 예수께로 이끌었던 것입니다. 또한 이 온화함은 목사가 죄인들을 대할 때 중요한 태도입니다. 물론 겉으로만 부드럽게 보이는 것이 아니라, 심성 자체가 부드럽고 따뜻해야 합니다.[6]

A. 알버스는 아버지 블룸하르트에 대해 이렇게 썼다.

목회적 돌봄, 병의 치유, 말씀의 선포는 블룸하르트가 부드럽고 따뜻한 성품을 사람들에게 전달한 수단이었다. 그것을 경험한 사람들은 지금까지 그 감동을 잊지 못하고 있다. 그에게는 자신감이 없거나 약한 모습은 전혀 없었다. 오히려 철저히 남자답고 확고했다. 왜냐하면 고트리

크리스토프 프리드리히 블룸하르트 가족

빈 디투스를 괴롭히던 악령들과 격렬한 싸움을 경험했기
때문이다.[7]

마음을 따뜻하게 하는 이런 부드러운 성품은 아이들과 부
모들에게 전해졌다. 특히 아픈 아이가 있는 부모나 아이를
잃은 부모에게 그러했다. 블룸하르트도 두 아이를 낳자마자
잃었고 한 아이는 두 살도 못 되어 잃는 아픔이 있었다.

이 책 후반부는 블룸하르트 부자가 아이들을 주제로 한
설교문인데 아이들을 향한 따뜻함과 사랑이 깊게 배있다.

하나님 나라의 어린아이 같은 영혼을 지키기 위해 싸웠던
두 사람의 감동적인 삶에 경의와 감사를 표하며 이 작은 책
을 펴내고자 한다. (편집자)

아이 교육을 위한 몇가지
조언

* JCB는 아버지 요한 크리스토프 블룸하르트(Johann Christoph Blumhardt), CFB는 아들 크리스토프 프리드리히 블룸하르트(Christoph Friedrich Blumhardt)임.

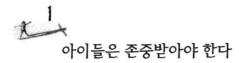

아이들은 존중받아야 한다

편지에서_

애들이 버릇없이 굴고 말을 듣지 않을 때 아빠에게 용서를
구하게끔 규칙을 정해 놓았습니다. 별 어려움 없이 알아서
하는 아이도 있지만, 아주 엄하게 요구해야만 마지못해 따
르는 아이도 있습니다.

답장_

그런 규칙은 매우 부적절하고 좋지 않습니다. 그처럼 도덕
적으로 엄격한 방식은 아이를 자칫 망칠 수도 있습니다. 아

이들이 버릇없게 굴거나 말을 안 듣는 것은 대부분 우발적이기 때문에 아이들은 그것이 잘못이라는 생각을 하지 못합니다. 그래서 부모들이 호들갑을 떨고 화를 내면 이해하지 못합니다. 어른들은 실제로 그런지 따져보지도 않고 너무 쉽사리 아이들이 버릇없고 말을 듣지 않는다고 판단해 버립니다. 또 아이들에게 너무 무리한 요구를 성급하게 합니다. 하지만 아이들은 그런 요구들을 감당할 수가 없습니다. 어쨌건 아이들도 존중받아야 할 존재가 아닌가요? 사사건건 그처럼 큰 죄를 적용해서 그 자리에 있지도 않은 아빠에게 용서를 구하게끔 하는 것은 결코 올바른 방법이 아닙니다. 아이들이 말썽을 부릴 수도 있습니다. 그러나 그게 결코 전부는 아닙니다. 여러 번 혼내고 으르고, 야단치는 일이 계속되면, 아이들은 점점 더 혼란에 빠지게 되고, 결국에는 매우호되고 가혹한 처벌로까지 갈 수밖에 없겠죠.

사랑하는 어머님들, 이런 일은 없어야 합니다. 그런 과정에서 아이들 속에 있는 어린 아이다움과 천진함이 파괴되고 귀여움도 잃게 됩니다. 어린 아이들에게 뭔가를 요구하는 데도 잘 따르지 않는다면 그것은 아이들이 충분이 성장하지 않았기 때문입니다. 그럴 때는 우리의 요구를 내려놓는 것이 마땅합니다. JCB [8]

편지에서_

제게 입양한 딸이 있는데 지난 몇 주 동안 설명할 수 없을 정도로 버릇없게 굴었습니다. 사탕을 훔치고, 거짓말을 하고, 청개구리짓을 하고, 어른에게 몹시 무례하게 하는 게 예전보다 훨씬 심합니다. 아이가 저한테는 무례하지 않지만 뭔가 질문을 하기만 하면 대답은 하지 않고 손톱을 씹고, 얼굴을 찡그리고 멍한 표정을 짓다가 결국에는 늙은이마냥 낙담

하는 표정을 짓습니다. 제가 볼 때 아이는 무슨 일이 있어도 그 순간 절대 대답을 하지 않을 것 같았습니다.

답장_

이 아이는 정신적으로 병적인 상태에 와 있을 가능성이 있습니다. 아이들이 자주 경험하는 것처럼 이것이 그저 악한 세력이 가볍게 공격하는 것이라면 아이들이 커가면서 좋아질 것입니다. 이런 영적 공격은 대부분 시간이 지나면서 멈춥니다.

이런 아이들을 대할 때 매우 신중한 태도가 필요합니다. 엄한 태도가 가장 나쁩니다. 아이가 제정신으로 돌아올 때까지 가만히 내버려 두는 것이 최선입니다. 아이가 이런 상태에 이르게 되는 데는 아이가 자신만의 편안한 시간을 갖지 못한데 이유가 있습니다. 누군가 한 순간도 놓치지 않고 아이에게 매달려 있기 때문에 아이의 영혼은 자유롭게 숨쉴

수가 없는 것입니다. 특히 여러 명이 아이를 돌볼 때 그런 일이 생깁니다. 아이들이 버릇없게 구는 것도 거기에 원인이 있습니다. 어머님이 설명한 상태에 있는 아이에게는 너무 많은 질문을 해서는 안 됩니다. 심지어 친절하게 대하는 것도 아이를 흥분시킬 수 있으며, 어떤 식의 요구라도 상태를 더 악화시킬 뿐입니다. 그렇기 때문에 아이가 대답을 하지 않을 때는 즉시 질문을 멈추고 대답하도록 다그치지 마십시오.

어린이를 키우면서 늘 명심해야 할 점이 있는데, 아이에게 뭔가 이상한 점이 보이거나 우리 어른들의 심기를 불편하게 할 때는 잠시 멈추어 생각을 해야 한다는 것입니다. 우리가 기도해야 할 때가 바로 이런 경우입니다. 하나님께 의지하십시오. 저도 그 아이를 위해 기도하겠습니다. JCB [9]

아이 키우기에 대해 더 많은 얘기를 듣고 싶다는 요청이 많았다. 그렇지만, 너무 말하고 싶은 게 많아 어디에서부터 시작해야 할지, 또 어디에서 마쳐야 할지 몰라 주저하며 시작하질 못했는데, 이제 더는 미룰 수 없다고 여겨 이야기를 좀 하려고 한다. 그동안은 누군가 질문을 하면 그에 대해 이야기하려고 기다려 왔는데 아무도 질문을 하지 않아 지금 생각나는 대로 적으려 한다. 하지만 아직도 나는 질문을 기다린다. 나는 많은 손자 손녀들과 함께 살고 있기 때문에 경험할 기회가 많다.

다른 무엇보다도 한 살에서 세 살까지 아기가 갖고 있는 명랑하고 즐겁고 행복한 성향이 방해받지 않아야 한다. 그러기 위해서는 아이를 돌보는 사람들이 끊임없이 자기 생각을 내려놓아야 한다. 하지만 바로 이 시기에 가장 심각한

실수를 저지르기 쉽다. 이 시기에 아이의 행복한 성향이 존중받고 보호받지 못하면 바로 문제가 생기며 커서는 감당할 수 없게 된다.

그러기에 나는 제일 먼저 부모님들에게 아이 기분을 상하게 만들거나 아이의 생각을 무시하는 행동은 하지 말라고 권하고 싶다. 아니면 적어도 행동하기 전에 신중하게 생각을 해야 한다. 조금만 생각하면 그리 어렵지 않게 다른 방식으로 아이를 대할 수 있다. 아이는 '항상' 스스로 생각하고 자신만의 방식대로 생각한다. 아이의 눈은 주위를 이리저리 살피다가 뭔가 흥미 있는 게 있으면 천진스럽게 거기에 푹 빠져 즐겁게 논다. 아이는 뭔가를 생각하거나 관찰할 때 완전히 거기에 몰입한다. 이것이 그 아이의 첫 학교이며, 아이 스스로 배우고 있는 것이다. 그런 아이를 보고 있으면 천사가 그 아이 옆에서 이끌며 가르치고 있다는 느낌을 받을 때가 있다. 그러기에 아이를 방해하는 어리석은 짓은 곧 그의 천사를 훼방하는 것이다.

가장 흔하게 아이들을 방해하는 경우는 사람들이 아이를 지켜보거나 지나가다가 아이를 들어 올리고 껴안고 뽀뽀하는 등 이런저런 행동을 하는 경우이다. 지나가는 사람마다 같은 행동을 한다고 생각해보라. 아이는 그것이 싫어 저항하게 되며, 심지어 사랑하는 가족도 뿌리치게 된다. 아이가 거부하는 몸짓을 하면 어른은 강제로 아이를 들어 올리면서 인상을 쓴다. "네가 날 좋아하지 않는구나." 아이는 점점 더 몸부림을 치며 자기도 모르게 주먹을 휘두르고 울음을 터트린다. 이렇게 되면 아이들은 "버릇없고 고집센 아이"라는 딱지가 붙는다.

이제 사람들은 아이가 고집이 세다고 불평하기 시작하고, 주변에선 아이를 잘 가르치지 못했기 때문에 그렇다느니, 어릴 때 고집을 꺾지 않으면 커서는 못 잡는다는 등 온갖 조언을 한다. 아이 때문에 기분이 상한 어른은 아이 엉덩이를 때리다가 그도 안 되면 어떤 거룩한(아니면 다소 끔찍한) 열정으로 매를 들기까지 한다. 하지만 과연 누가 버릇이 없는 건가? 누가 고집불통인가?

그 결과 아이는 밝고 명랑한 성향을 잃어버린다. 그리고 그런 일이 계속된다면, 아이는 조금씩 반항하게 되고 감당할 수 없게 되어 버린다. 아이의 인격이 존중받지 못하고 어른들의 기질을 강요하게 되면 아이 양육과정에서 많은 문제들이 발생하는 것은 당연하다. JCB [10]

나는 특별히 나이가 어린 아이들의 행복한 성향을 방해하지 않는 것이 중요하다고 말했다. 그렇지 않을 경우 아이들의 자연스러운 성격 발달에 문제가 생기기 때문이다. 이 문제에 대해 좀더 말하고 싶다.

앞에서 이미 말했듯이 아이는 내키지 않는데도 사람들이 억지로 들어 올리고 쓰다듬고 껴안는 것을 싫어한다. 아이가 뭔가로 바쁘거나 자발적으로 오지 않을 때에는 아무리 가까운 친척일지라도 그 아이를 그냥 내버려 두어야만 한다. 심지어 악수를 청하는 것도 해서는 안 된다. 하지만 사람들은 집에 손님이 오면 당연히 아이가 악수를 하거나 인사를 해야 한다고 기대한다. 아이가 그렇게 하지 않을 경우에 "아니, 넌 인사할 줄도 모르니? 어서 인사드려라" 하면서 등을 떠민다.

그런데 문제는 아이들이 그런 요구들을 감당할 수 없다는 데 있다. 어른들은 아이가 지금 다른 일에 온통 마음을 빼앗겨 있는 상황인데도 예절바른 행동을 억지로 강요하며 아이를 몰아세운다. 아이는 왜그런지도 모른 채 부모에게 혼나고 한바탕 소동이 일어나며, 아이는 행복감을 잃어버린다.

별로 중요하지도 않은 문제를 가지고 너무 성급하게 아

이와의 관계를 망가뜨리는 부모들이 많다. 아이 편에서 아이가 무엇을 필요로 하는지 생각하지 않는다. 나는 모든 부모와 교사들에게 아이의 즐거운 본성을 보호하고 아이를 성가시게 하는 모든 행동을 하지 말라고 간곡히 호소하고 싶다. 아이는 방해받지 않고 행복함을 느낄 때 가장 고분고분해진다. 또한 마음이 안정감을 갖고 차분해진다. 아이가 사물을 주의 깊게 관찰하며 생각할 수 있는 시간을 가질 수 있으면 아이는 이해력이 부쩍 자라난다. 아이를 귀찮게 하고, 억지로 잘못을 고치려 하고, 비난하는 일이 계속되면 아이는 반항하고 마음이 굳어진다. 심지어 아이를 미치게 만들 수도 있다. JCB [11]

같은 주제에 대해 조금 더 다룬 다음 다른 주제로 넘어가는 게 좋겠다. 우리는 습관적으로 아이를 기다리게 만드는 경우가 많은데 이 때문에 아이는 쾌활한 본성과 천진스러운 행복감을 잃는다. 우리 어른들은 항상 하던 일을 마무리하고 깔끔하게 정리한 다음에야 아이가 원하는 것이나 필요를 들어주려고 눈을 돌린다. 부모가 아이에게 한 약속을 지키지 않거나, 순진무구하게 요구한 것을 들어주지 않으면 아이들은 안달이 나고, 부모는 "이것을 마칠 때까지 조금만 기다려!" 하며 소리를 지른다. 아이는 떼를 쓰지만 엄마는 뜨개질을 마치려고 하거나, 쓰던 편지를 다 끝내고 싶은 마음에 또 윽박지른다. "조금만 기다리라니까! 그것도 못 기다리니?" 하지만 아이는 더 끈질기게 울먹이며 매달린다. 그러면 부모는 더 매몰차진다. "나 좀 가만히 내버려 둘 수 없겠니? 넌 기다리는 법을 배워야 해!"

이제 아이는 왈칵 울음을 터트리고 악을 쓰며 운다. 그렇게 되면 어른들도 인내심이 바닥을 드러낸다. "버릇없는 녀석, 네가 원하는 것을 절대로 해 주지 않을 거야!" 불쌍한 꼬마의 울음소리가 온 집안을 채운다. 이런 일은 어린이집에서도 자주 일어난다. 아이들은 끊임없이 울부짖는다. 왜 그럴까? 그것은 바로 우리 어른들이 아이들에게 해주기로 한 것을 자꾸 미루고 해주지 않기 때문이다. 아이들은 울부짖고 어른들은 참지 못하고 소리 지른다. "이 버릇없는 놈아! 고집불통아! 좀 맞아야겠어!" 그리고 더 심하면 매를 들거나 손찌검까지 한다. 이런 태도는 후에 더 큰 문제를 일으킨다.

특히 아이들을 식탁에서 오래 기다리게 해서는 안 된다. 아이들이 배고플 때에 오래 기다리지 못하는 것은 자연스러운 일이다. 배고픈 아이들을 오래 기다리게 하는 것은 고문과 같다. 이것은 아이가 어릴수록 더하다. 아이들이 너무 배가 고픈데도 엄마나 선생님이 서두르지 않는다면 아이들은 난리다. 좀 큰 아이들도 마찬가지인데, 배고픈 아이를 기다리게 하는 것은 다소 잔인한 면도 있다.

얼마 전에 친한 친구인 벵거 목사가 나를 방문했는데, 40년 전 베른으로 그의 아버지를 방문했을 때 겪었던 일이 생각나 서로 이야기한 적이 있다. 그의 아버지는 교사였는데 여러 학생들이 그 집에 하숙을 하고 있었다. 아이들과 점심을 함께 하게 되었는데 벵거의 아버지는 식사기도를 하고는 나이 어린 아이부터 순서대로 음식을 떠주면서 내게 이렇게 말했다. "아이들은 기다리질 못하지. 그래서 먼저 음식을 먹어야 한다네." 그 순간 나는 깜짝 놀라 생각했다. "그래, 이렇게 아이들 편에서 생각하는 게 올바른 선생님의 태도야!" 나는 벵거의 아버지 행동에 너무 감동해 그분을 껴안고 입맞춤을 하고 싶을 정도였다. 하지만 대부분의 부모와 교사들은 어른들 음식을 먼저 차릴 때까지 아이들은 기다려야만 한다고 생각한다.

이 주제에 대해 얼마든지 더 이야기 할 수 있지만 마음을

열고 듣는다면 이 정도 말로도 충분할 것이다. JCB [12]

좀더 시간을 가진 다음에 계속해서 글을 쓰려고 했지
만, 나중에 다시 기회가 있을지 기약할 수도 없고, 만약 그
렇게 되면 후회할 것 같아 다시 글을 쓰려고 한다. 하여간
내 주위에는 손자 손녀들이 많고, 끊임없이 새로운 생각들
이 떠오른다.

최근에 친구들에게 성경 한 구절을 암송하라고 소개한 적
이 있다. '여호와여 구하소서. 구해 주소서. 여호와여 건지
소서. 우리를 건져 주소서.'(시편 118:25). 갑자기 생각이 나
서 어린 손자 손녀들에게도 그 구절을 외우도록 했는데, 2살
반 된 손녀가 유독 빨리 그 말씀을 잘 외웠다. 다음 날 아침
에 손자 손녀들이 아침 인사를 하러 내 거실에 왔을 때 그 손

녀에게 "그래, 어제 말씀을 한 번 외어 볼래?"라고 물었다.
그랬더니 그 손녀는 당황해서 고개를 못 들고 아무런 대답
도 하지 않았다. 주위에 다른 사람들이 함께 있어서인지 그
아이는 아무런 대꾸도 하지 않았다. 그래서 나는 그 아이를
방으로 돌려보냈다.

  그때 나는 어린 아이들이 어른이 시켜서 하는 걸 무척 싫
어한다는 것을 깨달았다. 아이들에게 무엇을 해보라고 할
때 이미 아이들은 자기를 의식한다. 스스로 하고 싶어할 때
는 천진난만하고 즐겁게 하던 행동도 누군가 시키면 자기를
의식하게 되고 수줍어하고 부끄러워한다. 그렇게 되면 아이
들은 어떤 것도 하지 않을 것이며 실제로 할 수도 없다. 자기
의 의지에 따라 하는 것이 아니기 때문이다.

  짧은 구절 암송에서 아이들이 배운 재주까지 아이들은 똑
같이 반응한다. 아이들에게 어떤 것을 해보라고 요구하자마
자 그것으로 모두 끝장이다. 아이들은 그것을 할 수 없다.

왜 그런지 생각해보면 이 수줍음과 관련해서 뭔가 귀중하고 거룩한 것을 발견할 수 있다. 아이들은 배우처럼 어른들에게 오락거리를 제공할 줄 모르며, 어떤 진지한 것을 가지고 공허하지만 즐거움을 만들어낼 줄도 모른다. 아이들의 수호천사도 마찬가지고 아이들은 부모의 허영심을 채우기 위해 자신에게 해가되는 행동을 하길 원치 않는다.

그러나 부모들은 여기에 동의하지 않을 것이다. 그렇지 않은지? 아이가 여러분이 원하는 방식대로 하지 않으면 기분이 상할 것이다. 처음에는 조용히 말할 것이다. "그래, 잘 못하겠니. 자 어서 해봐라. 어서." 그래도 아이가 하지 않으면, "이 멍청한 녀석! 보기 싫으니까 꺼져 버려!" 아니면 이렇게 말할 것이다. "너 정말 고집이 세구나. 네 고집을 꺾고 말겠어!"

이렇게 되면 아이들은 고집쟁이가 되고 말 안 듣는 애가 될 수밖에 없다. 이런 일이 불쌍한 아이들에게 얼마나 자주 일어나는지 모른다. 이처럼 우리는 공연히 사소한 일로 아이와의 행복한 관계를 망쳐버린다. 아이는 어른들의 변덕에 희생당하는 것이다. 아이 안에 있는 귀한 것이 얼마나 쉽게 짓밟히고, 천사가 돌보는 어린 아이들이 어른들의 미숙함 때문에 상처를 받는지 모른다. 이제 불필요한 일로 아이를 괴롭히지 말고 아이들을 평화롭게 놔두자.

오늘 아침에 한 손자가 평소답지 않게 무척 불안해 보였다. 그 애는 쉴 새 없이 주변을 둘러보며 안절부절못했다. 그렇다고 버릇없게 구는 것 같지는 않았다. '오늘 저 애가 왜 그러지?' 고개를 갸우뚱거리고 있는데, 그 애 부모가 하루 전날 여행을 떠난 일이 갑자기 떠올랐다. 그러자 그 아이의 모든 행동이 이해되기 시작했다.

명심하자. 어린 아이들의 모든 행동에는 이유가 있다! 열린 눈으로 아이를 보자! JCB [13]

편지에서_

저희 아이가 지난 몇 주 동안 상태가 좋지 않아요. 막무가
내로 성질을 부리고 악을 씁니다. 저희로서는 도저히 감당
할 수가 없습니다.

답장_

아이에 대한 편지를 읽고 가슴이 뭉클했습니다. 아이를 위
해 간절하게 기도하겠습니다. 아이가 성질을 부릴 때에 절
대로 엄하게 대하지 말아야 합니다. 인내심을 갖고 가라앉
을 때까지 기다리십시오. 그런 다음 아이를 조용한 방으로
데려가서 함께 기도하고 축복해 주세요. 기도는 짧게 하고
지루하게 하지 마세요. 그 밖에 덧붙여 말씀드리자면, 아이
가 가지고 있는 것을 갑자기 빼앗지 마시고, 위험한 경우가

아니라면 아이가 하려는 행동을 못하게 막지 마십시오. 아이들은 이런 상황을 이해할 수 없기 때문에 부당하다고 느끼게 되고 그로 인해 마음에 어둠이 깃들기 시작합니다. 제가 말씀드린 대로 하신다면 시간이 지나면서 좋아질 것입니다. JCB [14]

아이를 입양한 부모는 아이가 고마워하지 않는 모습까지도 함께 받아들여야 한다. 그렇지 않으면 상황은 더 힘들어진다. 아이를 입양하면서 고마워하길 기대하는 것은 옳지도 않고 사리에 맞지도 않는다. 그런 기대는 관계를 더 힘들게 만들 뿐이다. 아이들은 부모들이 먹여주고 입혀준다고 해서 특별하게 고마움을 표현하지는 않는다. 그저 아이들 방식대로 사랑을 보여줄 뿐이다. 부모들이 아이들을 굶

거나 벌거벗게 내버려두지 않고, 가능한 더 좋은 것을 주고
자 해도 아이들은 그것을 당연하게 생각한다. 그것은 당연
한 아이들의 권리이다.

　하지만 아이를 입양한 많은 부모들은 자기들이 보여준 동
정심에 입양아들이 감동되어 뭔가 감사표현을 해야 한다고
생각한다. 정말 어리석은 생각이다. 아이들은 원래 그런 것
을 느끼지 못한다. 아이들에게 고맙다는 말을 기대하지 말
고 설사 많은 말썽을 일으키더라도 사랑해야 한다. 아이들
과 함께 버릇없는 행동까지도 품어야 한다. 아이들이 자신
이 받아들여진다는 것을 느끼게 되면 말로 표현하지 않더라
도 여러분을 사랑하게 될 것이다.

　입양된 아이는 양부모가 외적인 모든 것을 채워주더라도
사랑이 없다면 몇 마디 말로도 그걸 알아차린다. 그로인해
아이는 깊이 상처를 받고 마음에 미움이 생긴다. 두 명의 입
양아를 알고 있는데, 양부모의 위선적인 친절에 진절머리를

내며 참다못해 무슨 일을 벌일지 모르는 아이들이었다. 입양아들은 친자식들보다 조금이라도 차별받는 것을 못 견딘다. 입양아들은 예민한 눈을 가지고 있기 때문에 조금의 차별이라도 느끼면 심하게 상처를 받는다. 왜 그럴까? 아이들이기 때문이다. 아이들은 한 아이가 다른 아이보다 더 많이 갖는다는 것을 받아들이지 못한다.

그러므로 아이들을 입양하기 원한다면, 그 아이가 당신과 좋은 환경에 있을지라도 입양하기 전의 열악한 상황에 있을 때보다 더 불행해질 수 있다는 것을 진지하게 고민해봐야 한다. 만약 그래도 아이를 입양한다면 그 아이의 모든 것을 입양해야 한다. 그래서 아이가 당신의 친 아이처럼 어떤 요구도 할 수 있고 어리광을 부릴 수 있어야 한다. 그렇지 않다면 아이들에게도 고맙다는 말을 기대할 수 없으며, 하늘에 계신 아버지한테 칭찬을 받을 수 없을 것이다. JCB [15]

다른 집 아이들을 돌보는 사람들에게_

하나님의 축복이 아이를 돌보는 당신의 일에 함께 하길 진심으로 기원합니다. 아이를 돌보면서 중요한 점은 그 일을 너무 거창하게 생각해서는 안 된다는 점입니다. 그런 생각은 당신과 아이를 더욱 힘들게 만들고 불필요한 실랑이와 우격다짐 그리고 불안감만 불러올 것입니다. 뭔가 대단하고 특별한 것을 해야 한다고 생각하지 마십시오. 그저 아이들과 함께 놀아주고 이야기하고 사랑하는 것 말고 더 필요한 게 무엇이겠습니까? 아이들에게 가장 나쁜 것은 명령하고 지적하는 것입니다. 당신이 할 일은 섬기고 사랑하는 것입니다. JCB [16]

젊은 여인에게_

한 가지 매우 중요한 점을 지적하고 싶습니다. 아이를 너무 자주 껴안거나 너무 많이 놀아주는 것, 그리고 아이들이 하고 싶은 것을 못하게 하거나, 아이를 이 사람 저 사람 돌아가며 안아주는 것은 아이 영혼 발달에 해롭습니다. 이 예민한 시기에 건강한 발달을 위해서 평화롭고 고요한 시간이 필요하기에 방해해선 안 됩니다. 이 점을 반드시 기억해야 합니다! JCB [17]

아이들을 예수께 데려왔을 때에 제자들조차도 화를 냈다. 아이들이 오면 작건 크건 말썽이 생길 거라고 생각했을 것이다. 가구를 부서뜨리고, 집 안을 더럽힐 것이다. 아이들이 거실 안에 있다면 뭔가 망가질 게 뻔하다. 아이들은 장식품이나 멋진 가구에는 별로 관심이 없기 때문이다. 아이들은 뭔가를 만지작거리며 놀고 싶어 하며, 마구 소리 지르며 소란스럽게 놀기 좋아한다. 그게 아이들의 모습이다. 하지만 규율을 정하길 좋아하고 교양 있고 점잖은 사람들은 그런 아이들의 모습을 견디기 힘들어 한다. CFB [18]

최근에 그간 받은 편지를 정리하다가 겉봉투를 뜯지 않은 당신의 편지를 발견했습니다. 어쩌다가 그런 일이 일어났는지 알 수 없지만, 아마도 실수로 편지를 못 보았나 봅니다.

당신이 편지에 쓴 아이의 병세를 읽으니 가슴이 아팠습니다. 저는 아이들을 위해 기도하기를 좋아합니다. 주님께서 아이들을 데려오라고 말씀하시기 때문입니다. 특별히 아이들에게만 볼 수 있는 아름다운 일들이 많이 있습니다. 태어난 후 아픔과 고통만 경험하는 아이들을 보면 마치 순교자로 선택되어 태어난 것 같습니다. 하지만 그것이 하나님 나라에 특별히 중요한 의미가 있을 것입니다. 그런 아이들은 대개 사랑스럽고, 순종적이고, 행복하고 예수님을 사랑하며 신뢰합니다. 그런 아이를 보는 것만큼 우리 마음을 따뜻하게 하는 것은 이 세상에 없을 것입니다.

예수님을 무척 사랑한다던 그 애가 지금은 상태가 어떤지 모르겠습니다. 지금은 병이 나아서 회복되었을지도 모르겠습니다. 편지를 읽으며 그 애 병의 뿌리가 깊다는 느낌이 들었습니다. 하여간 우리는 계속해서 우리 주님께 달려가야 합니다. 주님은 어떤 식으로든 우리 기도를 반드시 들어주실 것입니다. 특별히 한가지 부탁드리고 싶은 것은 모

든 의학적인 방법을 소홀히 하지 말라는 것입니다. 이처럼 진단이 어려운 병에는 가장 단순한 치료가 큰 도움이 되기도 합니다.

그 아이와 부모에게 안부 전해 주세요. 멀리서 한 친구가 기도하고 있고, 그 사람이 기도해서 많은 아이들이 도움을 받았다고 전해 주세요. 얼마동안 고통스럽더라도 계속 참고 예수님을 사랑하라고 전해 주세요. JCB [19]

아기를 잃은 엄마에 대한 위로_
영원으로 부름을 받은 아이는 다시 돌아올 수 없습니다. 그 아이를 위해 기도하면서 당신이 아이를 하나님께 바쳐야 한다는 느낌이 들었습니다.

영혼이 위로 향하는 아이들을 보면 항상 이 세상에 속하지 않은 아이들입니다. 이런 아이들이 구세주와 함께 있다는 것을 축복으로 받아들여야 합니다. 아이들은 분명히 천사와 함께 있을 것입니다. 이 아이들은 영원에서 어떤 임무를 수행하고 있으며, 남아 있는 가족에게 큰 도움이 될 것입니다.

현실을 받아들이십시오. 주님께서 하필 왜 이 아이를 데려가시냐고 말하지 마세요. 주님께서는 그저 아무 아이나 데려가시지 않습니다. 주님은 특별히 그 아이를 원하신 것입니다. 그리고 이 땅에 남아 있는 우리에게는 이제 싸움이 남아 있습니다. 그 아이와는 다른 하지만 훨씬 더 힘겨운 싸움입니다. JCB [20]

예수께서는 여전히 가버나움에 제자들과 함께 계시면서 마음에 꼭 새겨야 할 것들을 말씀하고 계신다. 예수 곁에는 아이들이 앉아 있고 바로 이 아이들이 오늘 말씀의 주제이다. "이 어린 아이 한 명이라도 업신여기지 마라. 내가 너희에게 말한다. 그들의 천사들이 하늘에 계신 내 아버지의 얼굴을 항상 뵙고 있다.(마태복음 18:10)"

예수께서 보기에 어린 아이들을 업신여기는 것은 아이들을 예수께 데려오기 싫다는 것을 의미한다. 어른들은 걸핏하면 어린 아이들이나 젊은이들을 무시한다. 애써 그들에게 다가가 믿음을 심어주려고 하지 않는다. 어린 아이들은 아직 어리고 이해력이 없기 때문에 영적인 문제로 어린 아이들에게 신경쓰는 것은 시간낭비라고 생각한다. 아이들이 영적 문제에 관해 아무것도 이해할 수 없다거나 둔감하다고 여기는 것은 아이들을 경멸하는 것이다. 실제로는 그 반대이다. 특히 예수를 깊이 마음에 담고 있는 아이들은 어른들보다 훨씬 더 잘 이해하고 잘 받아들인다. 어른들은 대개 듣더라도 흘려버리고 말지만 아이들은 아주 작은 것도 놓치지 않고 마음에 담는다. 우리 어른들은 마음의 눈높이를 낮추어야 한다. 단순하게 생각해야 하며 어린 아이들이 이해할 수 있게 말하는 법을 배워야 한다. 우리는 다시 어린 아이가 되어야 한다. 누구에게나 쉬운 일은 아닐 것이다. 어린 아이를 위해 우리 자신을 부인해야 할 때가 얼마나 많은지 모른다. 하지만 아이들을 위한 희생과 노력에 따르는 보상은 이루 말할 수 없다. 물론 우리가 아이들을 위해 하는 일과 그 열매는 금방 드러나지는 않는다.

우리의 최선을 다해 어린 아이에게 헌신하라고 주님은 독려하신다. "아이들의 천사들이 항상 하늘에 계신 아버지의 얼굴을 본다" 라고 주님께서 말씀하신다. 우리 하늘에 계신 아버지는 아이들을 보호하라고 천사들을 보내신다. 어른들이 아이들을 돌보지 않은 때에도 아이들은 혼자가 아니다. 하나님이 보시기에 아이들 한 사람 한 사람이 귀중하다. 또한 부모와 친척들이 아이들을 하나님께 더 맡길수록 하나님께서 아이를 더 확실하게 보호해 주신다. 부모가 더욱 지속적으로 아이를 하나님의 보호에 맡긴다면 그렇지 않아 생기는 많은 사고들을 미리 막을 수 있을 것이다.

예수께서 '하늘에 있는 천사'를 말씀하실 때에, 각 아이에게 배속된 특별 수호천사를 생각해서는 안 된다. 사람들은 천사가 마치 아이들의 신이라도 되는 양 수호천사의 개념을 우상 숭배라고 말해도 좋을 정도까지 확장하려고 한다. 천사들은 그저 하나님의 뜻을 수행하는 존재일 뿐이다. 천사들은 아무리 사소한 것이라도 자기 맘대로 할 수 없다. 그러므로 하나님 아버지의 천사들을 생각할 때에는 하늘에 계신 아버지를 생각해야 하고, 천사들보다 주님을 생각해야 한다. 그러나 천사에 대한 개념은 우리와 아이들에게 베풀어 주신 하나님의 보살핌과 보호를 믿는데 도움을 준다.

성경은 아이들을 보호하기 위해 보내진 천사가 '하늘에 계신 아버지의 얼굴을 항상 뵈옵는다'고 한다. 이 말인즉슨 천사들이 자기들이 돌보고 있는 아이들에 대해 하나님께 늘 보고한다는 것이다. 아이들이 지금 어떻게 지내고, 어떤 대우를 받고 있으며, 누가 아이들을 잘 보살피고 있는지, 또 누가 업신여기고 멸시하고 있는지, 또 누가 아이들을 방치하고 있으며 학대하고 있는지 일일이 보고한다는 것이다. 하나님은 하늘에서 모든 보고를 듣고 기록하시며, 우리가 아이들을 대한 그대로 우리에게 똑같이 행하실 것이다. JCB [21]

천사들은 부활절 아침의 여인에게 왔듯이 예수를 진심으로 찾는 사람에게도 지체없이 찾아온다. 그런 사람들에게 천사에게서 풍겨 오는 분위기는 아주 자연스러우며 모든 일이 마치 일상의 한 부분처럼 색다를 게 없어 보인다. 하늘의 천사가 우리 삶의 자연스러운 부분이 된다면 그보다 좋은 것은 없다. 아이들이 자주 이런 것을 경험하는 데 어른들에게는 거의 불가능하다. JCB ²²

2
청소년은 설교의 대상이 아니다

청소년이나 큰 아이들이 부모에게 마땅히 가져야
할 존경심을 갖고 있지 않는 경우가 흔한데, 이것이 부모의
잘못인지 아이의 잘못인지 묻는 사람들이 더러 있다.

그런 질문을 받을 때마다 나는 질문의 대상인 아이들이
아니라 질문을 한 부모에게 대답을 할 수밖에 없다. 그러다
보니 내가 주로 어른들의 잘못과 실수에 대해 말할 수밖에
없는 점을 이해해 주었으면 좋겠다. 이제 어른들이 종종 저
지르기 쉬운 실수 몇 가지를 지적하고자 한다.

청소년들이나 큰 아이들에게 너무 과한 순종을 강요하는

부모들이 많다. 다 큰 아이들을 여전히 어린 아이로 취급하고 아주 사소한 문제에까지 간섭을 한다. 아이들에게 너그럽기는커녕 그 나이또래에 충분히 가질 수 있는 요구들도 존중해주질 않으며, 심지어는 당연한 요구사항들조차도 못마땅해 한다. 아이들을 지적하고, 벌주고, 사사건건 잘못을 잡아내고, 잘못에 대해 너무 심하게 질책을 한다. 그러다 보니 다정한 분위기나 대화는 없고, 아이들은 부모는 늘 엄격하고 반대만 한다고 느끼게 된다.

그런 부모들은 아이들을 잠시도 혼자 내버려 두지 않고 자유롭게 풀어주질 않는다. 아이들을 제대로 믿어주지도 않으면서 존경심과 순종심이 없다고 트집만 잡는다. 결국 아이들은 기쁨이 사라지고 할 수만 있다면 집에서 도망치고 싶어한다. 그 아이들 성격에는 장애가 생겨 슬프고 우울하고 완고해지고 삐뚤어지며, 결국에는 완전히 파괴되어 버린다. 그런 아이들에게 부모에 대한 존경심을 기대한다는 것은 불가능하다.

지금 이 주제를 길게 쓰는 것은 이 질문을 한 사람만이 아니라 비슷한 문제를 가지고 있는 다른 사람들도 염두에 두고 있기 때문이다. 요약하면, 아이들은 부모를 공경하고 존경해야 한다. 하지만 부모들도 마찬가지로 자녀들을 존중하고 존경하는 법을 배워야 한다.

그리고 청소년 여러분, 이 글은 부모들을 위한 것이기 때문에 여러분에게 해당되지 않는다. 여러분이 내게 질문을 해 온다면 여러분에게 할 말이 따로 있다. JCB [23]

아이들이 어릴 때에는 예수에 대해 말하고 신앙을 심어주기가 쉬었는데 아이들이 점점 커갈수록 아이들 마음에 다가가기가 무척 힘들다고 하소연하는 부모들이 많다. 함께 성경을 읽는 시간을 갖기도 쉽지가 않고 읽은 내용을 나누기는 훨씬 더 어렵다고 한다.

이런 상황은 매우 자연스러운 것이다. 아이들은 점점 커가면서 어릴 때와는 다른 것들이 필요하다. 하지만 부모들은 이런 영적 필요를 어떻게 채워주어야 할지 모르는 경우가 많다. 그 나이 수준에 맞지 않는 유치한 말들만 계속하기 때문에 아이들은 모든 게 시시하고 지루해지는 것이다.

이 때문에 말을 많이 하기 보다는 집에서 그저 신앙적인 분위기를 유지하는 것이 더 좋다. 집에서 매일 하는 일과가 아니면 따로 성경읽기도 하지 않는 게 좋다. 큰 아이들에게는 즐겁지 못한 강요가 될 수 있고 유익보다 해가 되기 때문이다. 요약하자면, 부모들은 큰 아이들을 설교의 대상으로 취급해선 안 된다. 아이들 스스로 자신을 가르칠 수 있다는 것을 깨닫고 그렇게 아이들을 대해야 한다. 그리고 이런 신뢰는 분명 효과를 거둘 것이다. JCB [24]

편지에서_

4월 8일자 소식지에서 부모와 청소년들의 관계에 대한 글을 읽었습니다. 저 같은 청소년들에게도 조언을 해주실 수 있는지요?

답장_

질문을 해주어서 정말 고마워요. 저는 어떤 주제에 대해 질문을 받고 대답하는 것을 좋아합니다. 사실 이전에 쓴 글에 제가 말하고 싶은 것들을 거의 했기 때문에 더 추가할 게 별로 없습니다. 그 글에서 행간의 의미까지 깊이 생각하며 읽기를 권합니다.

　자, 그러면 제가 썼던 글을 다시 한 번 나와 함께 읽으며 되짚어 봅시다. 무엇보다 먼저 명심할 일은 어떤 경우라도 부모님을 공경하는 마음을 잃어선 안 됩니다. 부모님께 부당한 대우를 받는다는 이유라면 더더욱 그래선 안 됩니다. 부모님을 존경하는 마음이 줄어들고 있다는 느낌을 부모님이 받지 않게 해야 합니다.

부모님은 청소년들과 좋은 관계를 유지하기 어렵다고 느낄 때가 많습니다. 그것은 청소년들이 자신들의 불만을 부모님이 몰라주니까 어떻게든 알게 하려고 불평을 하고 잘못된 행동도 하기 때문입니다. 막무가내로 불평하는 아이들 앞에서 부모님들이 아무 말도 못하고 듣고만 있다면 하나님 보시기에 바른 방향으로 가고 있지 않다고 보실겁니다. 어쨌든 부모님이 순종을 요구하면 따라야 합니다. 기쁘게 부모님 말을 따를 때 부모님도 여러분에게 너그러워지실 것입니다. 여러분이 하고 싶은 것을 부모님이 반대한다는 생각이 들면 아마도 여러분이 너무 욕심을 내거나, 부적절한 방법으로 그것들을 요구하기 때문일 수도 있습니다. 가끔은 자녀들이 가정에서 자기 위치를 착각하는 경우가 있는데, 가정의 중심은 부모임을 명심해야 합니다.

더욱 예의바르게 행동하고 시간을 엄수해야 합니다. 그래야 부모님에게 꾸중을 듣거나 혼나는 일이 없을 것입니다. 매사에 능장 부리지 않고 정확하고 올바르게 하는 법을 배우십시오. 아이들은 커가면서 자기들은 다 알고 있다고 생각하기 때문에 더 이상 배우거나 어른들의 말을 들을 필요가 없다고 생각합니다. 하지만 겸손하게 남의 말을 듣고 배우는 것만큼 유익한 것은 없습니다.

어른들은 청소년 여러분이 준비만 되어 있다면 자유와 독립의 기회를 주고 싶어합니다. 여러분은 부모님들이 더 믿어주길 바란다면 먼저 그것을 증명해 보여야 합니다. 여러분은 여전히 공상에 잘 빠지고, 부모님이 지적할 때 기분 내키는 대로 반응하지 않나 생각해 보십시오. 그렇다면 아직도 준비가 되어 있지 않은 것입니다. 여하간 부모님에게 짜

증을 낸다거나 고집부리고 억지부리는 일은 없어야 합니다. 만약 그런 일이 생긴다면, 대개 여러분에게 잘못이 있다고 생각할 수밖에 없습니다. 여러분들은 왜 자신이 부족하다거나 연민, 겸손의 모습을 보여주지 않는 것입니까?

어떤 아이들은 소설을 너무 좋아해서 손에서 놓을 줄을 모릅니다. 부모님이 무슨 일을 시키면 억지로 책을 내려놓고 투덜거리며 마지못해 합니다. 여러분이 부모의 말을 신뢰하고 따르지 않는다면 부모님들도 여러분을 신뢰할 수 없는 게 당연하지 않겠습니까?

이야기하다보니 무례하고 버릇없는 아이들에 대해서만 말하게 되었네요. 많은 경우 여러분은 그렇지 않을 거라 생각합니다. 하지만 여러분도 가끔은 무례하고 버릇없을 때가 있을 것입니다. 여러분을 너무 사랑하고 싶어하시는 예수님을 잊지 마세요. 그분의 말씀과 모범을 잊지 마세요. 그분이 여러분을 사랑한다면, 여러분의 부모님도 여러분을 사랑할

겁니다. 그리고 여러분도 부모님을 사랑할 것입니다! 우리를 도우시는 예수께서 여러분의 전 생애 동안 함께 하시길 기원합니다. JCB [25]

구원자께서 하나님의 나라를 이 땅 위에 건설하는데 어떻게 우리가 도울 수 있을까. 그 구원자이신 주님은 어디에 계실까? 내가 알고 있는 유일한 답은 바로 여러분 '마음 속'이다. 그 분이 여러분 마음 속에 계시지 않으면, 그 분은 어느 곳에도 계시지 않는다.

집안 환경이 잘못되었는데 일요일 아이를 교회로 보내고 세례를 받게 한다고 신앙교육을 잘한다고 생각하면 그것만큼 큰 착각은 없다. 수많은 아이들이 교회에서 세례를 받고 있긴 하지만 실제로는 예수의 방법이 아니라 부모들의 세속적이고 인간중심의 방식으로 양육받고 있다. 아이들에게 성경을 가르치고 교회 예배에 참석하게 하는 것으로 예수께 이끌 수 있다고 여긴다면 역시 잘못된 생각이다.

부모인 여러분이 그리스도를 그저 성경과 종교 의식 속에서만 만나고 여러분 마음에 모시지 않는다면 아이들을 그리스도께 이끌 수 없다. 주님은 "어린이를 내게 오게 하라"고 말씀하신다. 여러분의 종교적 관습이나 기독교적 전통으로 이끌라고 하시는 것이 아니라 바로 "내게" 데려오라는 것이다. 우리는 어떤 규칙을 정해 아이들을 키우려고 한다. 성령이 우리와 함께 하시지 않기 때문에 기계적인 방법으로 아이들을 이끌려고 한다. 그러니 당연히 성과가 없을 것이고 아이들만 나쁘다고 불평하게 된다. 아이들이 어릴 때는 힘과 강제로 어른들의 생각을 모두 받아들이게 할 수 있을지 모르나 아이들이 크면 자기들 마음대로 자기 길을 간다. 여러분은 자녀들을 언제까지 붙잡아 둘 수 없다. 하지만 주님은 그러실 수 있다. 여러분의 지적 능력으로 아이들에게 강요해서 얻을 수 있는 것은 아무것도 없다. 열매를 거둘 수 있는 유일한 길은 여러분이 회개와 겸손 가운데 주님이 당신 마음을 차지하시는 것뿐이다. 어리건 크건 모든 아이들은 예수께 가까이 가고 싶어 한다. 만약 여러분이 외적인 경건의 수단으로 아이들을 하늘나라로 억지로 끌고 가려 한다면 아이들은 겉으로는 얌전하고 예의바를지 모르지만, 실제로는 여러분의 종교적인 집안에서 가능한 빨리 그리고 멀리 도망치고 있을 것이다.

그 다음에 유일한 방법은 여러분의 마음에 대항해서 칼을 뽑는 것이다. 아이들이 잘못된 길로 가고 있을 때 아이들을 탓하지 말고 여러분을 탓하라. 여러분 자신에게 엄격해지자. 여러분의 마음을 향하여 칼을 휘두르자. 아이들에게 문제가 있다면 그것은 우리의 잘못이기 때문이다. 우리 속의 "옛 아담"이 자리를 내놓아야 하며 더는 우리를 주장하지 못하게 해야 한다. 그리스도만이 모든 것을 주장해야 한다. 그렇게 되면 학교가 어떻든, 교회가 어떻든 별 문제가 되지 않을 것이다. 아이들이 우리 어른들의 손이 아니라 주님의 손안에 있다는 것을 안다면 기쁘게 아이들을 놓아줄 수 있을 것이다. 아이가 어느 곳에 있든지 주님 손 안에 있기만 한다면 주님 없이 집에 있는 것보다 훨씬 더 보호 받을 것이다. 하나님은 모든 세상보다 강하시며 예수는 모든 것을 이기시는 분이시다. 예수는 모든 사람들과 모든 것을 확고하게 붙잡고 계신다. 하지만 우리 어른들도 역시 어린아이처럼 되어야 하며 높아지려는 욕심을 버려야 한다. 온 세상이 추앙하는 종교인이 될지라도 어린아이가 되지 않는다면 하나님 나라에 들어갈 수 없다. 우리는 어린 아이가 되어야 한다. 그것은 분명한 사실이며, 하나님 나라의 확고부동한 법칙이다. CFB [26]

교육의 목표는 언제나 지배계급을 만드는 것이었다. 그것이 교육의 숨겨진 의도이다. 그리고 지금까지 끊임없이 지배자들을 만들어 냈다. 대학을 들어간 사람은 그렇지 못한 사람들 위에 군림할 수 있다고 생각한다. 또 어떤 직위에 오른 사람은 자신의 지위로 다른 사람을 좌지우지할 수 있다고 생각한다. 이런 사고가 모든 삶 전반에 만연해 있다. 심지어는 돈이나 세상에서 유리한 위치에 있다는 이유만으로 다른 사람을 맘대로 휘두를 수 있다고 생각하는 사람이 있다. CFB [27]

우리는 우리 시대에 하나님을 따르는 방법을 알아야 한다. 그것이 출발점이다. 그리고 나는 그것을 어렸을 때부터 가르쳐 준 나의 아버지를 고맙게 생각한다. 좀더 자랑을 한다면 나의 아버지는 하나님 나라에 관한 한 온 유럽 전체에서 뒤따라올 사람이 없었다. 그분의 삶도 그랬지만 죽음도 사람들에게 주목받지는 못했다. 종교적인 신학자들은 아버지를 거들떠보지도 않았다. 하지만 여러분은 천국에서 빛나는 아버지의 모습을 볼 수 있을 것이다. 그분은 어떻게 순종할지를 알고 계셨고, 자유를 얻기 위해 도움을 구하러 온 사람들을 도와주었다. 아버지는 이 세상에서 일하시는 하나님의 방법에 대해 누구보다 더 친숙한 이해를 갖고 계셨다. 그래서 우리는 하나님이 어떤 분이며, 무엇을 하시고, 또 우리 시대에 무엇을 원하시는지 그저 애쓰지 않고도 알 수 있었다.

그러나 이렇게 되기까지 우리도 많은 것을 배워야만 했다. 내가 어렸을 때 아버지는 교회나 모임, 공동체에 대해서 가르치시지 않고, 오로지 하나님의 나라에 대해서만 전적으로 가르쳐 주셨다. 내가 아직 서너 살 적에 아버지가 나를 서재로 불러 커다란 지도를 보여주시면서 이렇게 말씀하셨다. "너는 세상을 정복해야 한다. 하나님의 나라는 온 세상에 임하셔야 한단다." 아버지는 교구나 살던 곳인 뫼트링겐, 바드 볼 너머 온 세상을 바라보셨다. CFB [28]

어린 아이 마음과 같은
예수

3
어린 예수께 배운다

이번 주일에는 누가복음 2장 41~52절을 본문으로 특별히 아이들을 생각하며 말씀을 전하고자 한다. 예수의 어린 시절 모습을 알 수 있다는 것은 참 기쁜 일이다. 예수는 어린 아이 같은 성품으로 오늘 우리 가운데 들어와 말씀하고 계신다. 우리도 어린 아이처럼 예수께서 말씀하시는 것을 배워야겠다. 예수는 열두 살 나이에도 이미 많은 것을 알고 있었다.

이스라엘에서는 매년 축제 기간에 예루살렘으로 가는 관습이 있었다. 어머니들은 아주 어린 아기도 데려가야 했다.

낙타나 나귀를 타거나 아니면 걸어서 가야 하는 아주 긴 여행이었고, 야외에서 밤을 보내기도 했다. 나사렛에서 예루살렘까지는 꼬박 사오일 걸리는 거리였다. 아마 아이들이 이 여행을 얼마나 설레는 마음으로 기다렸을지 상상할 수 있을 것이다. 이 순례길에 오른 사람들은 마음에 성스런 목적을 품었다. 하나님이 이스라엘 백성에게 행하셨던 놀라운 일들이 그들 가슴에 여전히 생생하게 남아 예루살렘 성전에서 고스란히 되살아나고 있었던 것이다. 축제 며칠 전부터 가족들은 성전과 희생, 그리고 아브라함부터 시작해서 모든 이스라엘 민족 역사에 대해 서로 이야기한다. 그렇게 그들은 이스라엘 속에서 역사하시는 하나님에 대한 신앙 속에서 살아가고 있다.

열두 살의 예수가 설레는 마음으로 부모와 함께 예루살렘 성전으로 향한다. 이들 일행이 도착했을 때 예루살렘은 사람들로 발 디딜 틈이 없었다. 이 축제를 위해 갈릴리, 사

마리아, 유대에서 대략 백만 명 정도의 사람들이 예루살렘으로 모여들었다고 한다. 축제 기간 동안 사람들은 이스라엘 역사 속에서 자신을 계시하신 하나님을 찬양하고 기뻐했다. 그런데 그렇게 북적거리는 축제 한 복판에서 어린 예수는 길을 잃어버린다. 마치 한 마리 길 잃은 어린 양처럼. 이는 예수가 이미 어릴 때부터 길을 잃고 혼자 남는 심정이 어떤지 경험했다는 것이다.

축제에 오면 어른들은 이것저것 할 게 많다. 큰 도시에 왔으니 볼거리도 많고 사고 싶은 물건도 많다보니 어린아이 챙기는 것을 깜박 잊기 십상이다. 같이 온 일행들 모두 자기 일 보느라 여념이 없었는지 부모가 조금 한눈을 판 사이 어린 예수는 순식간에 일행을 놓치고 길을 잃고 만다. 큰 상점과 노점이 줄지어 있고 사람들로 북적거리는 예루살렘의 골목길 한복판에서 어린 예수는 그야말로 천하의 외톨이가 되어버린 것이다. 이제 그는 어떻게 해야 하나?

그때 가슴 깊은 곳에서 '너는 하나님의 아들이다'라는 속삭임이 들려왔다. 하나님의 아들은 길을 잃을 수 없는 것이다. 부모를 찾아 이리저리 거리를 헤매면서 어린 예수의 마음에 이런 생각이 떠올랐을 것이다. "내가 당연히 있어야 할 곳이 어디지?" 그러자 이런 생각이 뇌리를 스쳤다. "그래 나는 하나님의 것이야!" 예수는 사람들이 어디에 모여 하늘에 계신 그의 아버지에 대해 이야기하는지 여기저기 알아보았다. 그리고는 성전을 향해 올라갔다.

성전에는 사람들을 가르치기 위해 랍비라고 하는 교사들이 늘 있었다. 이 열두 살 소년은 머뭇거리며 랍비들이 앉아 있는 곳으로 다가간다. 그리고 어린 예수는 랍비 할아버지들과 금새 친구가 되었다. 처음에 랍비들은 놀라움과 경이로움으로 소년을 바라보았다. 그 어린 나이에 그처럼 하나님을 알고 싶어하는 아이를 이전에는 보지 못했기 때문이다.

고향 집으로 돌아가는 길에 예수의 부모는 아이가 다른 아이들과 함께 있겠거니 생각하고 별로 걱정하지 않았다. 그런데 첫 날 묵을 장소에 이르러 아무리 아이를 찾아도 보이지 않았다. 이미 예루살렘에서 출발한지 하루나 지난 뒤였다.

불안감에 휩싸여 예수의 부모는 아이를 찾기 위해 왔던 길을 되돌아간다. 어머니 마리아는 이 맏아들에 대해 막중한 책임감을 갖고 있다. 마리아는 그 아이가 태어났을 때 들었던 말들을 하나도 빠짐없이 기억하고 있었다. 우리는 이처럼 아름다운 이야기를 오늘날까지 간직할 수 있다는 사실에 대해 마리아에게 고맙게 생각해야 할 것이다. 이 이야기를 기록한 누가는 예수에 관한 이야기를 모으기 위해 여기저기 탐문을 했다고 기록한다. 그리고 예수의 어머니를 만나 지금 우리가 보고 있는 이야기를 들었을 것이다. 이 모든 것을 마음에 간직하고 있었던 마리아에게 정말 감사하지 않을 수 없다.

그리고 이 충직한 여인은 성전에서 마침내 아들을 발견하고 또 한 번 잊지 못할 말을 듣는다. 마리아는 마치 나팔 소리처럼 온 세상 속으로 퍼지는 말을 아들 예수에게 듣는다. 그리고 그 말은 지금 여기 있는 우리 마음까지 감동시키고 있다. "제가 아버지의 일을 해야 함을 어머니는 모르셨습니까? 제가 태어날 때부터 저는 하늘과 땅을 만드신 하나님의 것이라고 듣지 않으셨나요? 이곳이 제가 있어야 할 곳입니다. 이곳은 저의 아버지 하나님이 거하시는 곳이니까요."

이렇게 12살 소년은 우리를 가르치고 있다. 우리 모두 어린 예수께 배워야 한다. 우리가 길을 잃었을 때, 우리가 혼자되었을 때에 우리는 어디로 가야 할지 이제 안다. 그곳이 어디든 하나님께 온통 마음을 빼앗긴 사람들이 있는 곳, 또 하나님이 행하신 일과 지금 하시려고 하는 일을 진심으로 알고자 하는 사람들이 있는 곳, 그곳이 우리들의 하나님 집이

다. 우리가 예수를 찾고 있다면 우리는 어디로 가야 할지 이제 안다. 만인의 아버지께서 지으신 집, 당신에게 진심으로 향하는 사람들이 함께하는 곳, 그곳에서 우리는 예수를 찾게 될 것이다. 하나님은 결코 이 땅을 버리지 않으신다. 여러분이 어디에 있든지, 어떤 처지에 있든지 반드시 우리 하나님의 집을 찾을 수 있을 것이다.

그러므로 사랑하는 여러분, 이것이 우리가 주님께 배우고 싶은 것이다. 그분의 하신 말씀을 여러분 가슴에 새기자. 하나님이 행하신 일을 여러분 마음에 간직하자. 어린 아이처럼 믿자. 열두 살 예수처럼 동일한 것을 경험할 수 있다. 이 땅에서 어려움을 당할 때마다 반드시 기억하자. "하나님의 집이 내가 있을 곳이다." CFB [29]

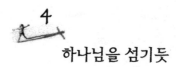

4
하나님을 섬기듯

사람들이 어린 자녀들을 예수께 데려와서 손을 얹어 주시기를 구하자, 제자들이 그들을 나무라며 돌려보내려 했다. 이걸 보시고 예수는 제자들에게 화를 내시며 꾸짖었다. "어린이들이 내게 오는 것을 허락하고, 막지 말아라. 하나님의 나라는 이런 사람들의 것이다. 내가 진정으로 너희에게 말한다. 누구든지 어린이와 같이 하나님의 나라를 받아들이지 않는 사람은 거기에 들어가지 못할 것이다." 그리고 예수께서는 어린이들을 껴안으시고, 손을 얹어 축복하여 주셨다.

오늘 우리는 예수가 아이들을 어떻게 바라보셨고 또 어떻게 대하였는지 되새겨보고자 한다. 예수는 아이들을 깊은 사랑과 따뜻한 애정으로 대하였다. 예수 자신도 한때 어린 아이였을 뿐 아니라 여전히 아이처럼 순수한 영혼을 간직하고 있었기에 아이들에게 남다른 애정을 품고 있었을 것이다. 어린 아이의 마음을 잃어버린 사람은 아이들을 싫어한다. 아이들이 옆에 가까이 오기만 해도 진저리를 친다. 하지만 우리 마음에 아이의 흔적이 조금이라도 남아 있다면 왠지 모르게 쓰다듬어 주고 싶고, 안아주고 싶은 마음이 생긴다. 아이와 함께 있으면 괜히 즐거워진다.

지금 읽은 이야기에서 우리는 어린 아이들의 친구가 된 예수를 발견한다. 예수는 늘 진지하고 심각한 말씀과 행동을 많이 하였다. 그도 그럴 것이 예수 곁에는 늘 가난한 이들과 병든 자들, 불행한 자들이 쉴 새 없이 몰려 들었고 예수는 이 모든 이들에게 참 친구이자 구원자가 되어야 했다.

그러나 이런 어른들뿐만이 아니라 갓난 아기들도 누군가의 도움 없이는 잠시도 살아갈 수가 없는 존재이다. 말도 할 수 없고 혼자서는 아무것도 할 수 없다. 또 어린 아이들도 도움이 필요하기는 마찬가지이다. 그리고 나이가 어릴수록 도움이 더 절실하다. 그렇기 때문에 예수께서 아이들을 내쫓으시며 "난 이런 아이들에게는 말할 수 없다. 너무 어리잖아. 아이들을 부모에게나 보내라. 아이들을 상대하는 것은 시간 낭비야. 난 내 말을 알아들을 수 있는 어른들이 좋다"고 말씀하셨으리라고는 눈곱만큼도 생각할 수 없다.

복음서의 저자인 마가는 '사람들이 어린 아이들을 데려왔다'고 기록하고 있다. 아이들을 데려온 것은 보나마나 어머니들일 것이다. 어머니들은 아이들을 위한 일이라면 어떤 희생도 치를 사람들이다. 그리고 아마도 이들은 이미 주님을 만나 그분의 말씀을 듣고 마음에 큰 축복과 평안을 경험했을 것이다. 주님 때문에 가슴 벅찬 행복을 경험한 이 어머니들은 어린 아이들을 보며 안타까운 심정을 억누를 수 없었을 것이다. "이 아이들을 이렇게 내버려둘 순 없어! 왜 이 아이들이 나처럼 행복해지면 안 되는 거지? 이 애들도 나처럼 구원자를 만나는 축복을 받아야만 해." 어머니들은 아이들을 놔둔 채 자기들만 예수를 경험한 게 너무도 마음이 아팠을 것이다. 어머니라면 누구나 마음 속에 아이들을 예수께 데려가서 자신이 경험한 축복을 똑같이 경험하게 하고 싶은 갈망이 있다. 하나님이 주신 자연스런 갈망이다.

그렇다면 이제 이 어린 아이들에게 어떻게 해야 할까? 예수께서 아이들에게 위로와 힘을 주는 말씀을 해주시면 어떨까? 안타깝게도 아이들이 말씀을 이해하기에는 너무 어리다. 예수가 아이들에게 해주실 수 있는 게 아무것도 없어 보인다. 하지만 아이들 어머니는 예수께서 해주실 수 있는 것이 무엇인지 정확히 알고 있었다. 바로 예수가 아이들을 *만져주는* 것이다. 우리가 아이들에게 해 줄 수 있는 것은 오직 아이들 손을 잡고, 머리를 쓰다듬어 주고 축복해주고, 아이들을 다정하게 안아주는 것이다. 그것 외에는 해줄 수 있는 것이 없다.

어머니들은 예수가 병든 자들에게 손을 대셨을 때에 어떻게 치유되었으며, 눈 먼 자들의 눈을 만졌을 때 어떻게 보게 되었는지 눈으로 똑똑히 보았다. 또, 말 못하는 이들의 입술에 그 손을 대었을 때 어떻게 말을 하게 되었으며, 듣지 못하는 이들의 귀에 손을 대자 어떻게 들을 수 있게 되었는지를 생생하게 보았던 것이다. 그뿐만 아니라, 어머니들은 어떤 여인이 혼잣말하는 것도 들었을 것이다. "그분의 옷자락에 손을 대기만 해도 내 병이 나을 수 있을 텐데." 그리고 마침내 그 여인이 예수의 옷에 손을 대자마자 병이 난 것을 지켜보았을 것이다. 그 어머니들이 아이들을 바라보며 '예수께서 이 애들을 한번 만져주시면 좋으련만!' 하고 생각하는 것도 무리가 아니다. 예수께서는 아이들을 만져주시며 아이들 마음 속에 거룩한 능력의 씨앗을 심어놓는 놀라운 힘을 보여주실 것이다. 아이들을 평생 동안 세상의 유혹에서 지켜 줄 씨앗이다.

이 어머니들 생각이 옳은가? 물론이다. 확실히 옳았다. 나라도 예수가 내 아이를 만져주신다면 더없이 기뻐했을 것이다. 예수가 한번이라도 손으로 만져 주신 아이는 어떤 일이 있어도 잘못되지 않을 것이다. 거룩한 씨앗이 그 아이 속에 남아 있어 주님께서 영원히 책임져 주기 때문이다.

이 어머니들 중에는 아이들이 아파서 걱정하는 이들도 있을 것이다. 아이들이 자라면서 얼마나 자주 아프고, 얼마나 많이 이름 모를 병으로 고통을 호소하는지 모른다. 아이들은 아파 울부짖지만 뭐가 잘못되었는지 말도 못하고 부모들도 어찌할 바 몰라 발만 동동 구른다. 너무도 많은 가정에 끔찍한 슬픔이 있다. 아이들이 밤낮 쉴 새 없이 우는 것을 들으면서도 아무것도 할 수 없을 때만큼 가슴이 미어지는 일도 없다. 예수께 데려온 아이들 중에도 병으로 아파하던 아이가 있었을 것이다. 그 부모는 어른들에게 기적이 일어났다면 이 불쌍한 아이에게도 똑같이 기적이 일어날 거라고 믿었을 것이다. 어머니는 간절하게 소리 질렀다. "이 아이들을 불쌍히 여겨주소서. 당신은 모든 것을 할 수 있으십니다. 우리 불쌍한 아이를 도우소서." 그리고 예수는 당연히 그 아이를 만져주셨을 것이다.

예수께서 손을 대었을 때 아이들이 느꼈을 편안함과 행복감이 어땠을까? 어머니들도 아이들을 집으로 데려가면서 얼마나 기쁘고 즐거웠을까? 이제는 더 이상 아이들 때문에 잠 못 들고 애태우는 일이 없을 테니까.

여기 또 다른 아이들이 있다. 어릴 적부터 고집불통이고, 툭하면 아이들과 싸우고, 버릇없고, 말대꾸하고, 화를 부리고, 심술궂은 아이들이 있다. 이런 아이들도 부모에게 큰 고통을 안겨준다. 이제 벌주는 것도 도움이 되지 못한다. 오히려 더욱 나빠지기만 할 뿐이다. 벌주고 혼낼수록 더 고집불통이 되고, 반항한다. 이런 일을 흔히 볼 수 있는데 그 원인은 대부분 지혜롭지 못하고 몰지각한 부모에게 있다. 이런 부모는 아이들을 안달이 나게 하고 쓸데없이 자극한다. 또 아이들 본성으로는 할 수 없는 무리한 요구를 하고, 너무 가혹하게 매를 들고, 아이들이 잘못이 없는데도 혹독하게 다룬다. 너무 조급한 부모들은 아이가 하는 행동마다 손찌검을 한다. 그러면 아이들은 울음을 터트리고 도저히 견딜 수 없는 지경에 이르고 결국에는 불행해진다. 이런 끔찍한 분위기 가운데에서 이 아이들은 돌이킬 수 없을 정도로 정서가 파괴되고 상처를 입는다. 아이들은 어른들의 무정함 때문에 철저히 불행해진다. 부모보다 더 한 사람들이 있다. 어떤 교사와 보모들은 여기서 한 발 더 나간다. 이들은 아이들을 고의적으로 괴롭히고 학대한다. 특히 이들이 아이들하고만 있을 때 특히 심각하다. 그런 상황에서 두세 살밖에 안 된

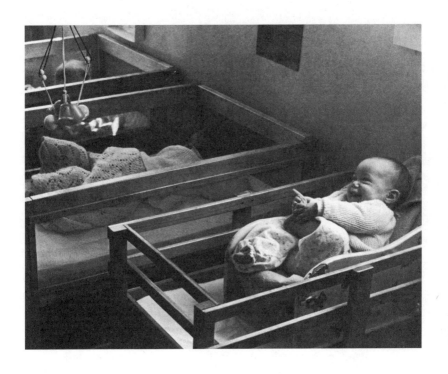

아이들이 마치 악마로 변하는 상황이 벌어진다.

또, 아이에게 기도를 강요하는 어리석은 어른들이 있다. 아이가 15분이나 30분 동안 되풀이되는 말을 들어야 하니 당연히 지겨워한다. 만약 아이가 "나는 기도하기 싫어!" 라고 말한다면 무슨 대가를 치러야 할지 모른다. 아이는 조금도 무례하게 굴려고 한 짓이 아니다. 그저 기도할 수 없을 뿐이다. 아이는 그런 부담을 감당할 수 없는 것이다. 그럼에도 어떤 부모는 여전히 아이에게 기도를 강요해 정신이상을 일으킬 정도까지 몰아간다. 이렇게 되면 아이는 거칠어지고 반항하는 행동을 하며, 이제 이 아이 때문에 불쌍하고 어리석은 부모들이 고통을 겪는다. 이런 문제를 해결하기 위해선 엄청난 지혜와 부모 교육이 필요하다.

아이가 악한 영에 사로잡히거나 적어도 악한 영이 아이 속에서 활동해서 아이가 완고해지고 반항적인 것처럼 보일 때도 있다. 그 아이는 자신이 원하지 않는데도 화를 폭발하

고, 반항하고, 싸움질하고, 소리 지르고, 난폭한 행동을 하게
된다. 이런 경우 아이에게 무언가 문제가 있는 게 확실하다.
그리고 이런 아이에게 매를 든다면 그보다 나쁜 짓은 없다.
아이가 이런 상태일 때는 겸손하게 주님께 맡기고 간청해야
한다. "주여 이 아이를 불쌍히 여기시고 도와주세요."

아마도 이런 아이들도 예수께로 데려왔을 것이다. 그러
면 마귀는 도망가고 어둠의 세력은 물러날 수밖에 없었을
것이다. 아이는 자유를 얻게 되고 아이는 한 순간에 새로워
졌을 것이다. 이것이 많은 어머니들이 아이를 예수께 데려
왔을 때 경험하는 일들이었다. 어머니들은 이런 문제를 해
결하고 싶은 마음에 아이들을 예수께 데려왔고 충분한 보상
을 받을 수 있었다. 주께서 손을 얹어 하나님의 축복이 어두
운 세력을 몰아내고 아이들 속에서 역사하셨다.

그런데 문제가 있다. 어떻게 주께 아이들을 데려갈 것인
가 하는 문제이다. 주님은 늘 사람들로 에워싸여 계시고 항

상 많은 사람들과 함께 계시기 때문이다. 온갖 육체적 고통과 마음의 짐으로 눈물짓는 어른들이 그분께 몰려왔다. 거기다 어머니들이 사람들 틈을 비집고 주님께 울부짖는 아이들을 데려 오는 것이 아닌가. 아, 이 가련한 어머니들을 보라. 그런데 제자들은 이들을 꾸짖는다. "아이들을 데리고 와 지금 무슨 짓을 하는가? 아이들을 집에 두고 오시오. 여긴 아이들이 올 데가 아니오. 당신들이 아이들을 데려와 주님을 귀찮게 하고 있다." 제자들이 이 말을 정중하게 했는지 아니면 무례하게 했는지 알 수 없지만, 하여간 제자들을 어머니와 아이를 돌아가라고 꾸짖었다. 세상에는 아이들을 보고도 아무런 느낌도 없는 냉랭한 사람들이 있다. 제자들이 너무 모질었다고 생각할 필요는 없다. 하지만 그들이 불친절했던 것은 분명하다. 그렇지 않았다면 예수께서 화를 내시지 않았을 테니까. 우리는 어린 아이들을 차갑게 대하거나 무시하지 않도록 조심해야 한다. 아이들은 주님께 특별한 존재이기 때문이다. 또한 어머니 가슴에 못을 박는 일 중에 자기 아이가 멸시받는다고 느끼게 하는 것보다 더한 것은 없다. 아이는 느끼지 못할지 모르지만 부모는 마음 깊이 상처를 입는다. 어머니에게 아이는 이 세상에서 가장 귀한 보물이다. 어머니는 아이를 위해서라면 집과 돈과 땅과 모든 것을 포기할 수 있을 것이다. 어머니들은 아이를 구하기 위해 수백 번이라도 불 속으로 뛰어들 것이다. 이것이 아이들이 모욕을 받을 때 어머니들에게 그렇게 큰 상처가 되는 이유이다. *주님도 그 아픔을 똑같이 느끼셨다.* 하지만 주님은 어머니들보다 더 예민하게 가슴 아파하셨다. 어머니들은 아이들이 그런 대우를 받는 일에 어느 정도 무디어져 있다. 하지만 주님은 우리가 아이들을 차갑고 딱딱하게 대할 때마다 주님은 고통스러워하신다. 많은 사람들이 죽음에 직면해서 자신의 모든 죄를 되돌아보지만 아이들을 난폭하게 대하거나, 심지어는 사악할 정도로 취급했던 죄는 심각하게 생각하지 않는다. 하지만 이런 죄가 우리의 죄 기록부에서 쉽게 지워지지 않는다는 것을 명심해야 한다.

이따금 어른이 저지른 나쁜 죄 때문에 아이까지 죄에 빠져드는 경우가 있다. 그 일로 양심에 가책을 느끼는 사람들을 보면 무어라 말해야 할지 당황스러울 때가 있다. 그 사람은 깊이 뉘우치지만 마음의 평안을 얻지 못할지도 모른다. 아이에게 나쁜 짓을 가르쳐 저주로 이끌었다고 느끼기 때문이다. 아이를 잘못 인도했고 타락한 죄인으로 이끌었기 때문이다. 이 사람이 양심의 평안을 찾기 위해 몸부림치고 있는데도 나는 종종 무슨 말로 위로해야 할지 막막할 때가 있다. 하지만 내 경험상 진심으로 뉘우치기만 한다면 우리의 자비로운 구원자께서는 기적을 일으키리라 확신한다.

우리 어른들은 다시 어린 아이가 되려는 소망을 가져야 한다. 어린 아이가 아니면 천국에 들어갈 수 없기 때문이다. "누구든지 하나님의 나라를 어린 아이와 같이 받들지 않는

자는 결단코 들어가지 못하리라"(막 10:15). 그러나 우리가 다시 어린 아이같이 되려고 노력해도 쉽지가 않다. 지금 우리는 어린 아이 마음에서 너무나 멀리 떨어져 있어 보인다. 아이에게서 가장 멀리 떨어져 있는 사람은 누구일까? 나 혼자 독립할 수 있다고 생각하는 사람이다. 아이에겐 부모가 필요한데 더 이상 부모가 필요 없다면 이제 아이가 아니다. 그러기에 우리는 언제나 부모님의 마음과 손길이 필요하다는 마음을 버리지 말아야 한다. 아이에게 친구나 도움을 줄 보호자가 필요 없으면 더는 아이가 아닌 것이다. 다시 말하면, 우리가 다른 사람의 말을 듣지 않거나 받아들이지 않고, 다른 사람과 쉽게 친구가 되지 못하고, 구원자의 필요를 느끼지 못하고, 우리 힘만으로도 하늘나라에 갈 수 있다고 자만할 때 우리는 아이가 아니다. 또, 누구에게도 머리를 굽히지 않고 융통성과 어른에게 순종하고 겸손과 따뜻한 마음을 잃어버렸다면 더는 아이가 아니다.

이제 다음 말씀으로 마치려고 한다. "그 어린 아이들을 안고 손을 얹어 축복하셨다"(막 10:16). 얼마나 아름다운 광경인가? 위에서부터 하나님의 능력이 넘쳐나 아이들에게 흘러들어가는 순간이다.

우리 모두에게, 특별히 아이들에게 성령과 하늘에서 오는 능력이 내려와 영원한 생명을 누리길 기도한다. 아멘. JCB [30]

5

어린 아이들을 내게 오게 하라

마가복음 10:13~16에 대한 생각

사랑하는 친구들이여, 만약 여러분들 마음에 하나님 나라에 대한 갈망이 있다면 아이들을 바라보는 데 도움이 될 것이다. 하지만 그것은 사람들이 생각하듯이 아이들이 우리에게 즐거움을 주는 귀여운 존재여서가 아니라, 아이가 하나님이 사용하실 수 있는 존재요, 하나님에게 너무 귀중하고 이 땅의 보석 같은 존재이기 때문이다.CFB [31]

이번 주일은 어린이 주일입니다. 그래서 오늘은 아이들에게 의미있는 날이 되어야 하며, 아이들에게 우리 마음을 열고 가까이 가야 합니다. 그리고 우리도 또한 어린 아이가 될 수 있다는 사실에 기뻐하고 감사해야 합니다. 우리 어른들이 별 관심 갖지 않고, 때론 놀잇감으로 여기는 아이들이야말로 하나님 나라에 들어갈 수 있는 주인입니다. 우리가 아이들에게 입을 맞추고 껴안아 주지만 여전히 아무것도 모릅니다. 그러나 하나님 나라에서는 상황이 달라집니다. 하나님 나라는 어린 아이들 속에서 활짝 꽃피웁니다. 우리 곁에 많은 아이들이 있다면 우리는 "이것이 하나님 나라야"라고 말할 수 있습니다. 하늘에 계신 아버지는 삶의 무게로 아이의 모습을 잃어버릴 정도로 질식해버린 사람들의 마음에 다가가기 위해, 바로 이 아이들로부터 어떤 힘을 창조해

내십니다. 그리고 오늘 여기에 함께 한 어린이 여러분, 여러분은 하나님 나라에 속해 있다는 것을 꼭 기억하십시오. 하나님의 손에서 곧바로 온 여러분의 한 부분, 즉 아직까지 온전하게 어린아이 같고, 아직 교육이라는 이름으로 때묻지 않고 오염되지 않은 부분이 하나님 나라에 속해 있는 것입니다. "어린 아이들이 내게 오는 것을 막지 말라. 하나님의 나라가 이들의 것이다"라고 말씀하신 예수님을 생각하면서 어린이 여러분에게 이 말을 하고 싶습니다. 예수님은 여러분에게 하늘나라에 최우선적으로 들어갈 수 있는 권리를 주셨다는 것을 기억하고 여러분이 지금 하늘나라에 있다는 것을 느껴보십시오.

우리는 하나님 나라를 느낄 수 있습니다. 어린아이 같은 마음을 느낄 수 있습니다. 그 나라는 우리 곁에 있으니까요. 우리를 비추는 찬란한 햇빛 속에, 들판에 피어있는 아름다운 야생화 속에, 땅 위에 살아있고 움직이는 모든 것들 속에 하나님 나라가 깃들어 있습니다. 그 속에는 어떤 아름다움이 있어 우리 마음을 감동시키고 사람의 언어에서 배울 수 없는 것들을 알게 합니다. 이 땅에는 하늘나라에 속한 실제적인 무엇이 이미 존재하며, 우리의 임무는 그것을 알아보는 법을 배우는 것입니다. 그리고 어린 아이들은 행복과 새로운 용기, 자신감과 기쁨이 올 때마다 "이것은 하늘나라에서 나에게 오는 거야"라고 생각해야 합니다. 하늘나라는 온통 우리를 감싸고 있습니다. 우리가 인간 세상으로 들어갈 때마다, 우리를 에워싸고 큰 영향을 주는 하늘나라를 함께 가져가야 합니다. 이 하늘나라에서 우리에게 오는 모든 것은 우리에게 유익을 주며 위로와 기쁨을 줍니다. CFB [32]

"어린 아이들을 내게 오게 하라. 인간이 어떤 모습이

되어야 한다고 생각하느냐? 누가 인간을 창조하였느냐? 어린 아이를 보아라. 얼마나 성스러운 모습이냐? 아이들의 마음과 생각을 보아라. 그것을 만드신 분이 하나님 아닌가? 아이들을 내게 오게 하라. 그들은 하나님이 만드신 그대로의 모습이다. 아이들을 오게 하라. 바로 여기에서 하나님은 그의 새로운 나라를 시작하길 원하신다." 바로 예수께서 말씀하시고자 하는 것이다.

예수께선 당신의 백성들 가운데 거하신다. 예수께선 어린 아이들을 보고 있으며, 어른들 속에 있는 아이의 모습을 또한 지켜보고 있다. 우리 안에는 아직도 어린 아이가 남아 있다. 아이가 아이로 살 때 아이는 행복하다. 그리고 어른들도 다시 어린 아이가 된다면 행복해질 수 있을 것이다. 아이는 다른 누구도 아닌 하늘의 아버지 것이다. 설교자는 주위 아이들을 좋아하고 돌볼 수 있다. 하지만 하늘의 아버지 역할을 대신해서는 안 된다. 아이들은 하나님의 손아래 있다

는 것을 알아야 한다. 예수의 제자들은 다스리는 자가 되어
서는 안 된다. 그들은 명령해서도 안 된다. 그것은 아이들을
파괴하고 만다. 하나님이 아닌 다른 이가 다스린다면 아이
들 속에 있는 아이다움에 해가 될 것이다. 이것이 하나님 나
라의 모습이다.CFB [33]

아이를 바라볼 때 우리는 기쁨을 느낀다. 예수처럼 우
리가 하나님 나라를 사랑하고 이 땅에서 추구하고 있다면
그 나라를 위해 하나님을 섬길 도구를 어디에서 찾을 수 있
을까? 여기 아이들을 바라보자. 여기에 바로 우리가 원하던
것이 있다. 아이가 아프거나 외적으로 문제가 있더라도 아
무런 문제가 되지 않는다. 고통 속에서도 아이는 하나님을
섬길 수 있다. 아이가 아파 울부짖을 때 화를 내는 사람에게

는 화가 있을 것이다. 그는 하나님을 잊어버린 것이며, 아이들이 하늘나라에 속해 있다는 사실을 잊고 있는 것이다.

아이들을 지켜보고, 보호하고, 하늘 아버지를 위해 아이들을 보살피는 것은 하나님을 섬기는 행위이다. 아이들을 우리 마음에 품고 하늘 아버지에게 천사를 보내주셔서 이 귀한 아이들을 악한 세상에서 보호해 주시기를 구하는 것도 하나님을 섬기는 일이다. 어린 아이들을 볼 때마다 우리 자신을 돌아보아 우리 어른들 안에서 여전히 꿈틀거리는 아이의 모습을 찾아야 한다. 이 아이의 모습은 우리의 죄와 비뚤어진 성격과 복잡한 세상사로 얽매여 있어서 하나님 나라에 아무런 도움이 되지 못했다. 우리는 이 아이의 모습을 다시 불러내어 그것을 덮고 있는 것들을 벗겨내어 다시금 하나님의 얼굴 앞에 나아가야 한다. CFB [34]

몸도 건강하고 어떤 문제도 아픔도 없는 사람들이 하나님의 나라를 돕기 위해 오는 것은 예수께 무척 반가운 일이다. 어머니들이 바로 그런 사람들이다. 어린 아이를 가진 어머니는 자나 깨나 아이만을 생각한다. 어머니는 아이가 자라면서 어떤 난관에 부닥칠지 잘 알고 있다. 아버지들은 대개 그런 문제를 대수롭지 않게 여기며 아이들이 스스로 헤쳐나가야 한다고 생각하지만 어머니들은 그렇게 생각하지 않는다.

어머니들은 부담이 있기 때문에 늘 마음을 놓지 못하며, 아버지보다 훨씬 예민하게 아이들이 처한 위험을 인식한다. 여기다 아이들을 외적인 필요도 채워주어야 한다. 어린 아이들은 병치레가 잦기 때문에 어머니들은 아이 머리맡에 앉아 눈물로 간호한다. 어머니는 아이의 고통을 자기

것처럼 느끼기 때문에 아이의 고통스런 울음은 어머니 가슴의 비수처럼 파고 들지만 어머니는 그것을 견뎌야 한다. 아버지는 일을 핑계로 나가며 말한다. "아이 우는 것을 도저히 듣고 있을 수가 없어!" 하지만 어머니들은 아이 곁을 떠날 수 없다.

어머니들이 다른 누구보다도 앞서 아이에게 꼭 필요한 해결책을 찾아내는 것을 보면 어머니들이 짊어지고 있는 부담은 하나님이 주신 게 확실하다. 또 어머니는 다른 이들보다 하나님께 더 빠르게 달려간다. 학교나 시설 같은 데서는 쉽게 매를 들거나 벌을 줄 상황이지만 어머니는 먼저 아이에겐 하나님의 도움이 필요하다고 여긴다.

그것은 아마도 하나님이 어머니들에게 짊어지게 하신 짐이 어머니들을 가르쳐서 하나님을 진실로 섬기도록 만드는 것 같다. 그래서 어머니들이 아이를 데려왔을 때 예수의 마음은 기쁨으로 벅차올랐다. 괴로움이 가득한 이 세상에서

그것은 마음을 상쾌하게 하는 음료 같은 것이다. 아이들은 있는 모습 그대로 하나님 나라에서 쓰임 받을 수 있기 때문이다. 이 사랑스런 아이들은 하늘로 곧바로 들어갈 수 있다. 하지만 우리는 아이들이 이곳에 더 살기를 원한다. 참 안타까운 일이다. 어서 하나님의 나라가 임해서 어린 아이들이 어른이 되기 전에 어린이로서 그 나라에 들어갈 수 있기를 소망하지 않을 수 없다. CFB [35]

이 세상에는 사람들이 꾸며내는 나쁜 것들이 많다. 그것은 그들의 생각과 마음에 좋지 않은 영향을 끼치고 결국에는 모든 죄의 원인이 되어서 하나님이 창조하신 어린 아이들에게까지 악영향을 끼친다. 그 때문에 많은 아이들이 고통을 당한다. 이 세상에서 성장한다는 것은 그리 쉬운 일이 아니다.

아이가 세상에 태어나서 어느 정도 자라는 동안 우리는 마치 하늘의 신성한 기운에 둘러싸여 있는 듯하다. 하나님에게서 비롯한 무언가를 느낄 수 있다. 나는 아이의 부모가 좋은 사람이건 나쁜 사람이건 상관없이, 우리를 그처럼 맑고 순수하고 행복하게 바라보는 어린 아이의 모습 속에서 하늘의 아버지가 계신다는 증거를 발견한다. 그 아이들의 눈과 우리 눈이 마주칠 때 마치 하늘에서 천사가 우리를 바라보고 있다는 느낌을 받는다. 아무리 환경이 열악하고 온갖 죄악이 넘쳐나는 곳에서라도 그 맑고 거룩하고 기쁨에 넘치는 눈빛은 천사의 눈빛이다.

하지만 그런 아이들에게도 아픔은 있으며, 아이가 고통 가운데에서 간절히 도움을 구하는 눈으로 우리를 쳐다볼 때면 우리 마음은 너무나 고통스럽다. 어린 아이의 애원하는 눈빛을 보면서도 아무것도 할 수 없는 어머니들의 마음은 갈기갈기 찢어지는 듯하다. 세상의 악에 대항하는 싸움이 치열하지만 그 싸움은 어린 아이 가운데에서 가장 뚜렷하게 볼 수 있다. CFB [36]

우리 구세주는 아이들이 곁에 오는 것을 너무 좋아하신다. 그 아이들 속에서 질병과 여러 악한 것들의 뿌리가 있을지라도 아이들을 그 모습 그대로 하늘로 데려가면 천사들에게 그리 큰 부담이 되지 않을 것이며 금새 하늘나라에 적응할 것이다. CFB [37]

그렇다면 아이들을 위해 무엇을 바라야 할까? 아이들이 아프건 건강하건 아이들이 커가는 것을 보며, 어려운 삶속으로 아이들을 내보내야 할 때 어떻게 해야 할까? 아이들이 험하고 거친 환경으로 나가는 것을 지켜보면서 어떻게 도울 수 있을까? 사랑하는 친구여, 정말 우리가 도움이 되고 싶다면 우리 자신이 어린 아이가 되어서 아이들 앞에 아이로서 서야 한다. 그리고 이 아이들이 예수의 어린 양이라는 사실을 잊지 말아야 한다. CFB [38]

후주

1. A. 엘버스,『슈펭글러에서 블룸하르트까지』, 1920, 1921, p. 405.

2. 프리드리히 쥰델,『요한 크리스토프 블룸하르트 목사 전기』(취리히, 1881). p. 451.

3. Ibid., pp. 451-452.

4. Ibid., pp. 364-365.

5. Ibid., p. 445.

6. Ibid., p. 51.

7. A. 엘버스,『슈펭글러에서 블룸하르트까지』 p. 405.

8. 요한 크리스토프 블룸하르트,『바드 볼에서 받은 편지들』(슈트가르트, 1874), p. 344.

9. Ibid., p. 352.

10. 요한 크리스토프 블룸하르트,『바드 볼에서 받은 편지들』(1875),

p. 32.

11. Ibid., p. 40.

12. Ibid., p. 48.

13. Ibid., p. 56.

14. 요한 크리스토프 블룸하르트, 『바드 볼에서 받은 편지들』(1873), p. 72.

15. Ibid., p. 32.

16. 프리드리히 쥰델, 『요한 크리스토프 블룸하르트 목사 전기』(취리히, 1881). p. 364.

17. Ibid. p. 364.

18. 크리스토프 프리드리히 블룸하르트, 「하나님, 당신의 백성입니다!」『1896년에서 1900년까지 한창 일할 시기의 설교와 헌신』, R. 레준 편집(취리히와 라이프찌, 1936), p. 429.

19. 프리드리히 쥰델, 『요한 크리스토프 블룸하르트 목사 전기』, p. 480.

20. 요한 크리스토프 블룸하르트, 『바드 볼에서 받은 편지들』(1875),

p. 392.

21. 요한 크리스토프 블룸하르트, 『바드 볼에서 받은 편지들』(1876), p. 137-138.

22. 요한 크리스토프 블룸하르트, 『종말의 배교』(베를린, 1926), p. 17.

23. 요한 크리스토프 블룸하르트, 『바드 볼에서 받은 편지들』(1876), p. 120.

24. Ibid., p. 152.

25. Ibid., p. 192.

26. 크리스토프 프리드리히 블룸하르트, 「부활하셨다!」『1888년에서 1896년까지 한창 일할 시기의 설교와 헌신』, R. 레준 편집(취리히와 라이프찌, 1925), pp. 156-158에서 인용함.

27. 크리스토프 프리드리히 블룸하르트, 「하나님, 당신의 백성입니다!」, p. 429.

28. Ibid., p. 312, 313.

29. 크리스토프 프리드리히 블룸하르트, 「성전 안의 12살난 예수」

미간행 설교, 1913. 1. 12.

30. 요한 크리스토프 블룸하르트, 『저작 전집 2권』: 복음 설교(칼스루에, 1887), pp. 70-78에서 인용함.

31. 크리스토프 프리드리히 블룸하르트, 「부활하셨다!」, p. 155.

32. 크리스토프 프리드리히 블룸하르트, 「어린 아이를 내게 오게 하라!」(슈트가르트, 1910), 출간 설교, 1910. 1. 9, pp. 3-4.

33. 크리스토프 프리드리히 블룸하르트, 「하나님, 당신의 백성입니다!」, p. 427-428.

34. 크리스토프 프리드리히 블룸하르트, 「부활하셨다!」, pp. 155-156.

35. Ibid., p. 154-155.

36. 크리스토프 프리드리히 블룸하르트, 「어린 아이를 내게 오게 하라!」, pp. 4-5.

37. 크리스토프 프리드리히 블룸하르트, 「부활하셨다!」, pp. 155.

38. 크리스토프 프리드리히 블룸하르트, 「어린 아이를 내게 오게 하라!」, pp. 5-6.

어른이 아이다워져야 한다

내 나이 또래의 아버지들은 대개 어릴 적 보수적이고 유교적인 풍토에서 자랐다. 나의 아버지는 특히 엄하고 권위적이었다. 집안에서 다정한 모습을 보여준 적이 없고 늘 아버지의 기준을 강요하고 자식들의 생각을 이해하려고 하지 않았다. 아버지 생각엔 그런 방식이 자식들의 장래를 위해 옳다고 확실하게 믿으셨다. 하지만 그 결과는 그리 좋지 않았다. 비록 몹쓸 자식들이 되지 않았지만 그렇다고 주위의 부러움을 살만한 삶을 살아가지 못했다.

그 숨막히는 가정 분위기와 불편한 부자관계에서 받은 상처 때문에 나는 내 아이들과 사이좋은 관계를 만들리라 다짐을 했다. 또 많은 애를 썼다. 그리고 많은 부분 내 아버지와 다른 모습으로 내 아이들을 대하고 어느 정도 좋은 관계를 형성했다. 하지만 내 과거 아버지의 영향에서 완전히 벗어날 수는 없었다. 나도 모르는 사이에 내 아버지의 모습이 나에게도 나타나고 있었다.

나는 나 자신이 '아빠'라는 말을 사용해보질 않았기에 그 말을 듣는 게 어색해서 첫 아이에게 '아빠' 대신 '아버지'라고 부르게 했다. '아빠'라는 단어보다 '아버지'가 아이를 훨씬 예의바른 아이로 만든다고 생각했다. 또 아침에 일어나면 아침인사를 빼먹지 않게끔 늘 지적을 했다. 식사 시간에 아이들이 먼저 음식을 먹지 못하게 하는 것은 물론이고, 어른들에게 인사를 하도록 수시로 잔소리를 했다. 돌이켜 보니 전부 내 아버지가 어릴 적 내게 하셨던 것들이었다. 이런 것들이 얼마나 내게 불편하고 어색한 일이었는지 나는 그

느낌을 지금도 기억한다. 그런데 나도 내 아이들에게 그처럼 하기 싫은 것들을 강요했던 것이다. 내 아버지와 마찬가지로 나도 이것이 옳다고 생각했고, 다른 사람들에게 아이들이 예절바르다는 소리를 듣고 싶었다. 하지만 아이들은 내 기대와 달리 그리 예절바른 모습을 보여주지 않았다. 수없이 반복해서 지적했음에도 아이들은 할아버지 할머니에게도 인사를 쉽게 하지 못했고, 선물을 받았을 때조차 감사 표시를 할 줄 몰랐다. 지나가는 동네 어른들에게 아이들이 인사를 하지 않을 때는 잘 못 가르쳤다는 비난을 듣는 것 같아 아이에게 화를 냈다. 아이들은 분명 순하고 착한 아이들임에 틀림없는데, 이상하게도 이런 문제들에서만큼은 점점 내 기대와 멀어져 갔고, 그로 인해 다정한 아빠가 되고 싶다는 기대와 예절바른 아이로 키워야 한다는 부담 속에서 혼란을 겪고 있었다.

이런 문제를 완전히 다른 각도에서 바라보고 자유를 얻게

해 준 게 바로 이 작은 책이었다. 나는 아빠가 되기 훨씬 전부터 교육에 관해 고민하고 여러 책을 보며 좋은 아빠가 되고자 애썼지만 마지막까지 풀지 못한 숙제를 이 책이 해결하도록 도와주었던 것이다. 아버지 요한 크리스토프 블룸하르트와 아들 크리스토프 프리드리히 블룸하르트가 쓴 이 자그마한 책에서 나는 그 어떤 책에서보다 깊은 통찰과 지혜와 자유를 발견하였다.

사실 돌이켜보면 나는 아이들을 독립적인 인격체라기보다는 가르쳐야 할 대상으로 여긴 부분이 적지 않았다. 아이의 장래는 무엇보다 부모의 교육여하에 좌우된다는 생각이 무의식 속에 깔려있었던 것이다. 잘 가르쳐야 한다는 책임과 그로 인한 부담이 늘 마음을 무겁게 했고, 기대에 못 미치는 현실에 대한 좌절감이 은근히 나를 괴롭혔다.

하지만 이 책의 저자는 우리 어른들보다 아이들이 더 온전한 인간의 모습이라는 것, 그리고 아이들을 교육시켜 어른처럼 만들지 말고 우리 어른들이 아이들을 보며 아이다움을 회복해야 한다는 것을 깨닫게 해주었다. 그때부터 나는 아이들을 있는 모습 그대로 편안하게 받아들이며 한 인격체로서 놓아주는 연습을 했다. 아이 영혼 안에 감추어져 있는 하나님의 계획을 부모가 어찌 이해할 수 있으며, 하나님 보다 아이를 더 잘 이해하고 이끌 수 있겠는가? 많은 한계와 결점을 가진 인간으로서 부모가 어떻게 단지 자식이라는 이유만으로 그 영혼을 책임질 수 있겠는가? 아이를 하나님께 온전히 맡기고 있는 모습 그대로 이해해주고 사랑하는 것, 그것이 부모의 자리라는 것을 나는 알게 되었다.

부모로서의 내 자리를 찾게 되자, 그 전에는 이해되지 않았던 아이들의 모습도 이해할 수 있게 되었다. 집에 돌아올 때 인사를 하지 않을 때에도 기분이 나쁘지 않고, 간혹 내 기대를 벗어나는 행동을 하더라도 화를 내지 않게 되었다. 종교적인 어떤 행위도 인위적으로 강요하지 않으며, 공부에 있어서도 아무런 기준을 제시하지도 않게 되었다. 그래도 이젠 불안하거나 걱정하지 않는다. 아이를 믿기 때문이며, 부모로서 내 기준과 생각이 늘 옳다고 생각하지 않기 때문이다. 또 부모로서 나 자신보다 그 아이를 창조하시고 돌보시는 하나님을 더 신뢰하기 때문이다. 아이들도 부모가 좌지우지해선 안 되는 독립된 인격체인 것이다.

헌데 아이를 놓아주니까 아이들은 더 행복해하고 이전보다 나에게 더 가까이 다가왔다. 아이를 교육시키고 가르치려는 태도를 포기하니까 역설적으로 더욱 바르게 자라는 것 같았다. 그리고 나는 자문하지 않을 수 없었다. "우리 시대에 과연 교육이란 무엇을 위함인가?" 아들 불룸하르트는 그것을 너무도 예리하게 지적하고 있다.

교육의 목표는 언제나 지배계급을 만드는 것이었다. 그것이 교육의 숨겨진 의도이다. 그리고 지금까지 끊임없이 지배자들을 만들어 냈다. 대학을 들어간 사람은 그렇지 못한 사람들 위에 군림할 수 있다고 생각한다. 또 어떤 직위에 오른 사람은 자신의 지위로 다른 사람을 좌지우지할 수 있다고 생각한다. 이런 사고가 모든 삶 전반에 만연해 있다. 심지어는 돈이나 세상에서 유리한 위치에 있다는 이유만으로 다른 사람을 맘대로 휘두를 수 있다고 생각하는 사람이 있다.

우리가 아이들을 대상으로 하는 교육의 본질이 이럴진대 지금의 교육을 '교육'이라고 말할 수 있을까? 어쩌면 퇴보 내지 타락시킨다고 해야 더 정확할 것이다.

이런 인간의 상황을 염두에 두고서 예수도 "너희가 아이 같이 되지 않으면 천국에 들어갈 수 없다"고 말씀하셨을 것이다. 천국에 들어갈 수 있는 자격이 있는 자는 많은 지식을 통달한 자도 아니며, 종교 수행을 많이 한 자도 아니라는 것이다. 천국의 주인은 어린아이처럼 단순하고 하나님을 받드는 자이다. 이 말씀을 블룸하르트는 깊이 이해하고 있었으며, 실제로 어린 아이 같은 영혼으로 어린 아이처럼 살았다.

이 작은 책에서 아들 블룸하르트는 예수가 가르치고자 한 핵심을 너무도 분명하게 드러내고 있다.

인간이 어떤 모습이 되어야 한다고 생각하느냐? 누가 인간을 창조하였느냐? 어린 아이를 보아라. 얼마나 성스러운 모습이냐? 아이들의 마음과 생각을 보아라. 그들은 하나님이 만드신 그대로의 모습이다. 아이들을 오게 하라. 바로 여기에서 하나님은 그의 새로운 나라를 시작하길 원하신다.

세상이 추앙하는 종교인이 될지라도 어린 아이가 되지 않는다면 하나님 나라에 들어갈 수 없을 것이다. 우리는

어린 아이가 되어야 한다. 그것은 분명한 사실이며, 하나
님 나라의 확고부동한 법칙이다

이처럼 너무도 단순하고 분명한 진리 앞에서 나는 그간
의 어리석은(?) 세월을 돌아보게 되었다. 따지고 보면 모든
것들이 더욱 어른이 되고자 하는 노력들이었다. 더 배우고
지식을 소유하고 남보다 더 위에 오르려고 하고 많은 성과
를 이루려고 했다. 진리추구를 하겠다고 많은 애를 썼지만
결과적으로는 진리에서 더 멀어지고 있었다. 이 책의 저자
가 말하듯이 우리가 추구해야 할 참 인간의 모습은 내가 그
간 축적한 모든 것을 버리고 단순히 한 어린 아이로서 하나
님 앞에서 그 분을 의지하는 것이다.

이것을 깨닫게 해준 블룸하르트 부자에게 감사하지 않을
수 없다. 그리고 부족한 번역으로 저자의 원문을 훼손시키
지 않았는지 송구스런 마음뿐이다.

책을 덮고 나서도 한동안 세상의 모든 아이들을 생각하며 안타까움을 토로했던 아들 블룸하르트의 말이 문득문득 떠올랐다.

참 안타까운 일이다. 어서 하나님의 나라가 임해서 어린 아이들이 어른이 되기 전에 어린이로서 그 나라에 들어갈 수 있기를 소망하지 않을 수 없다.

2011년 6월 전병욱

예수처럼아이처럼

자녀교육, 예수처럼 사랑하고 아이처럼 생각하라

요한 크리스토프 블룸하르트 & 크리스토프 프리드리히 블룸하르트 지음
 | 전병욱 옮김

초판 1쇄 찍음 2011년 7월 11일
초판 1쇄 펴냄 2011년 7월 15일

펴낸이 김영조
펴낸곳 달팽이출판
등록 2002년 2월 28일 제 22-2112호
주소 경기도 파주시 탄현면 법흥리 유승앙브와즈 2단지 206-205호
전화 02-523-9755 팩스 02-523-9754
이메일 ecohills@hanmail.net

ISBN 978-89-90706-30-0 03230
책값은 뒤표지에 있습니다.